SQ選書
07

「人文学」という思考法

〈思考〉を深く読み込むために

真野俊和
SHINNO Toshikazu

社会評論社

まえがき　7

I…思考法の文体

人間の思考方法やそこから手に入れた知識は、二つの種類に分けられる。一つは進歩だとか積み重ねだとかの状況がはっきり見えていて、人はすでに明確になった地点から先を歩けばよい。もう一つはさまざまな考え方の正しさがそれぞれに主張可能であり、それゆえ結果の積み重ねが決して一意的に見えないという種類の思考である。学術的な著述に焦点を絞るならば、前者において新しい業績はもっぱらレフェリー（査読）システムに支えられた学会誌によって公にされ、確実なものとして公認された知識のみがやがて教科書という書物となって体系的に叙述される。いうなれば学説の正しさというものは、学会なる組織体によって厳重に管理されているのだ。ところが後者において、独創性のある業績の公開における学会誌の特権性はずっと——もちろん無視されるという事態にまでは至らないが——低くなる。レフェリーを通すことのない大学などの研究紀要や雑誌・書物等の商業出版物であってさえ、研究公開のメディアとしてほぼ同等の資格をもつ。その業績の価値は書かれたことの内容次第という、いわば自由市場的原理が長い時間をかけて形成していくのである。だから前者において書物という形態は基本的に教科書とか啓蒙書という以上の性格を持つことがないが、後者の場合、一冊の書物を編むという行為は研究者にとって特別な意義をもつことが多い。かくいう私が今回上梓するに至ったこの本も、もちろん例外ではない。

以上の二つについて、もう少し本質的な話をしよう。

前者において特定の業績の価値が持続する時間はきわめて短いのが普通である。厳格なレフェリーを通って掲載にたどりついたはずの論文であろうとも、五年もたてば九割以上は消えて行くという発言を、かつて在職していた大学の理系の同僚から聞かされて仰天した記憶――具体的な数字に関して、この記憶がたしかかどうか自信はないけれども――が私にはある。つまり論文レフェリーの信用度云々ではなく、理系において業績の新陳代謝はかくも激しいという話なのであろう。それでも難問として残され続けたという例がないわけではない。一〇〇年とか二〇〇年間解かれないでいた、数学とか自然科学上の問題がようやく解明されるに至った、などという記事を新聞などでときおり見かけることがある。これだけ新陳代謝の激しい領域で数百年も取り残されてきたという事態は例外中の例外であり、それをニュースとして取り上げたくなる感覚は分からなくもない。

しかしそんなとき私はいつもこう思うのである。「たった一〇〇年ぐらいのあいだ解けなかったからといって何だというのだ。古代ギリシア哲学者の本をひもとけば二〇〇〇年以上――インドや中国なら四〇〇〇年か？――も解けない問題群の山積みではないか」と。人は悪法も法であるとして従わなければならないのか。過去という時間は今ここにいる人間のなかにどのような形で存在しているのか。アキレスが亀にどうしても追いつけないという理屈のどこがどう間違っているのか……。そしてこれらの問題を解くべく、多くの学者のみならず一般の人々までもが立ち向かい、それでもなお万人を納得させる解答にたどりついていない。それどころかそれらの問題そのものを再確認するため、二〇〇〇年前の哲学者たちの著作に、現代の研究者たちは必死になって取り組まざるを得ないのである。そしてそのような思考法のあり方を、私は「人文学」と呼ぼうとしているのである。つまり冒頭で述べた後者の思考法や知識にあたる。

そろそろこの辺で本書の話に入ろう。

私は本書のタイトルに、無謀にも「人文学」という言葉を盛り込んでしまった。我ながらなんとも身の程知らずというしかないと、自覚ぐらいはしているつもりだ。けれど考えてみれば、世の中に「人文学者」を名乗れる人間などいるはずがない。学者・研究者を標榜する以上、何らかの具体的な専門分野を持たなければならず、その専門分野は学問状況が進展すればするほど、多様にかつ狭くなっていくものである。だからたとえば「人文学」というような広い学問カテゴリーを考察しようとするときでも、その入り口は自分が学んできた、より専門的なディシプリンになるほかない。私にとって、その入り口は日本民俗学であることを、まずは断っておこう。私は数年前に『日本民俗学原論』という書物を上梓した（２００９年　吉川弘文館）。その書物のサブタイトルは「人文学のためのレッスン」となっている。つまり読者諸兄姉は、本書がその続編もしくは拡張版にあたるものだと理解しておいていただければ幸いである。

本書にとって最大の問題は、人文学という「思考法」なるものが果たして存在するのか、存在するとしたならば、それはどんな思考法として特徴づけられるのか、といった点であろう。そんな様相のいくつかについて私は本書で触れ、私なりの考えを述べたつもりである。どの文章をとっても、専門的な知識を不可欠とするような難しいテーマをかかげたつもりはない。前半では民俗学とあまり結びつかない話題をあげ、後半になるとやや民俗学に近づいたようにみえるが、民俗学の専門書とはとうてい言えない。必要とするのは知識ではなく、せいぜい大学一年生程度の論理能力さえあれば、十分についていける内容だろうと思う。少々理屈っぽすぎると受け取る読者もおられるだろうが、私としては、ごくやさしい問題をただただ辛抱強く考えてみた結果にすぎない。

だがいったい、私はそんな作業を通してどのような答えにたどりついたと言えるのだろうか。歴史のなかに登場する数多の哲人賢者たちがさまざまな難問を解くべく試み続け、それでもそれらの問題のほとんどに対して人々が正解にたどりつけたとは、とうてい言えまい。まして日本の民俗学しか知らない私には荷が重すぎる作業である。

そこで私は再び考えてみた。

冒頭にあげた二つの種類のうち後者の思考法や知識の本領とは、正しい解答にたどり着くのとは別のところにあるのではないか、と。ここで肝要なのは答えが正しいか否かではなく、「どのような問い方があるか」ということなのではないか。ギリシアの哲学者ゼノンは、足の速いアキレスがいともたやすく亀に追いついてしまうという当たり前の事実を前にして、このように考えてしまうとどうしても追いつけない状況が生起してしまう、という問いを立てた。そしてその問いは今に至るまで多くの人を悩ませて続けている。くだけた言い方をするならば「ああも考えられる。こうも考えられる」とか「ああでもない。こうでもない」と考え続けること、そして人をそこに誘い込むような見事な問いを立ててみること。「人文学という思考法」の醍醐味はそんなところにあると私は考えている。だから私がこの本のあちこちで語ったことについては、いくらでも反論が可能なはずである。こんな問い方や答え方もあったのかと私を瞠目させる批評を寄せていただければ、私の一つの望みは十分に満たされたことになるであろう。そしてそれ以前に、読者の方々をして、そんな問いに答えてみようという方向にいざなうことができたというそのことだけで、大いに満足できるだろうと楽しみにしている次第である。

I…思考法の文体

社会学論文のエスノメソドロジー

◉学術論文をどう読みほどくか

序…「読み解く」ことの意義

本稿はエスノメソドロジー ethnomethodology の方法によって書かれたある社会学論文を、エスノメソドロジーそれ自体の手法に倣いながら読みほどいてみようという試みである。なぜこのように手のこんだ論考を企てたのか、少し長くなるが、その理由を最初に述べておきたい。

何かある学問を勉強する学生たちは日々多くの論文を読まなければならない。そしてそれらの勉強をもとにしたうえで、いつか卒業論文なり修士論文なり自分自身の研究にもとづく論文を書くことになるだろう。そのとき具体的な執筆方法のモデルになるのは、それまでに読んだいくつかの論文であるはずだ。そうした順序は独立した研究者においても基本的には同じである。つまり学術研究とはまず論文や書物などの学術的著作を〝読む〟ところから始まらなければならないのである。加えて研究者の場合には他人が書いた学術書を批評するという、いわゆる書評も少なからず重要な位置を占めている。

学術的な批評とは学術的な著作を〝読む〟こと自体を目的にした行為にほかならないが、この行為には何か方法といったものがあるのだろうか。〝書く〟ことに関しては、教師が手取り足取り教えてくれることもあるだろう。しかし〝読む〟ことに関しては、ふつう誰も教えてくれない。大学の授業では読むことそれ自体よりも、書かれている内容についての解説のほうが主になる。読み方そのものの指導に関しては、むしろ小学校や中学校における国語教育のほうがよほどシステマティックな方法を確立しているといえるかもしれない。しかしその読み方と学術的著作に対するそれとのあいだにかなりのへだたりがあるのは当然である。大学教育における読み方は、やがて自分自身の著作の書き方につながっていかなければならないからである。

私も研究者の端くれとしていくつかの書評を書いたことがあるし、読んだことはそれ以上にある。しかし一般的な書評には、すくなからぬ不満を持ち続けてもきた。俗に書評は八割ほめて二割けなせ、などと言われる。それは論外としても、対象書物の結論に賛成か反対か、資料に間違いがある、こんな資料が見落とされている、論述が説明不足である、などをあげつらっている限り、書評はそのトピックに関する内輪話から出ることなしに終わってしまうのが関の山だろう。少し踏み込んだ書評には書評論文という呼び名が付されるように、それ自体が学術的な営みであるはずだ。そうである以上、書評には論理としての普遍性を獲得するための着実な方法論がなければならないし、少なくとも意識されていなければならない。だが多くの書評は、書評者の手持ちの知識に照らしあわせて、自分の印象を語っているにとどまる。もちろんさまざまな書評のスタイルがあるはずで、こうでなければならないと定式化することは、かえって批評という行為を貧弱にするだけであろう。しかしもっと厳密に、もっと正確に内容を読み取る努力が必要だし、そのための方法をそれぞれに模索しなければならないと私は考えている。

さてエスノメソドロジー(1)という名称には、現状であまり学術的な匂いのする日本語が与えられていない。あえて語るならば、エスノメソッドethnomethod、つまり「人びとの方法」のありようを解明する学問とでもいえばよいだろうか。いままさに人びとによって実践されつつある――言いかえれば、まだ抽象的なデータとして整理されてしまっていない――行動や行為を観察することによって、人びとがおのおのの場面でどのような方法にしたがい、あるいは方法を作りあげているかについて、詳細かつ体系的な解明を目的とする。そしてそのための方法は、学術的著作の読みほどきと大きく重なると私は考えるからである。エスノメソドロジーはすでに多くの潮流に分化していて一概に言い切れないところも多々あるが、本稿で必要な最小限の了解事項として、

・人びとが自明のこととして特に気づくこともなく実践している各種の方法（エスノメソッド）を、
・ことが行われているその場その場（いま－ここ）(2)に寄りそいながら、明らかにすること、

という二点をあげておく。そのほか付随する特徴をとして、

・人びとによる相互的な行為を対象とするが、
・その行為自体に対する直接の評価とは距離をとることを基本姿勢とする、

などの点も重要ではある。

ではその「人びと」とは誰のことか。どこかで会話している二人だけということもあるし、駅の雑踏を行き来している群衆ということもある。すると「方法」とは、前者の場合では会話を続

けたりやめたりするための暗黙の了解などを意味することになるし、後者ではさしたる混乱に陥らずに行き交うために行使される暗黙のスキルなどをさすことになる。

エスノメソドロジストたちは、研究者としてのいわば特権的な高みから「人びとの方法」を見おろし、そこでさまざまな発見をしたり理論を組み立てたりする。観察される行為は日常のさりげない風景であることが多いが、そうでなければならないという積極的な理由があるわけでは決してないはずだ。というわけで、本稿はほかならぬエスノメソドロジー論文を対象とし、その手法に倣うことによって、学術的な理論のうちに内在しているはずの研究者の「思考方法」を探り当ててみようという試みなのである。

本節の最後になったが、考察の対象とする論文をここであげておく（好井1997）。

- 好井裕明「からかわれ、さらされる『身体』と『論理』—あるディスコース空間にしくまれ、つくられる性差別現象の解読」

I…好井論文の概要

好井論文が執筆されたきっかけは、好井の勤務先の大学で男女差別を巡る討論会が行われ、同僚教員からそのビデオ映像を預けられたことにある。同僚教員のコメントと依頼は、「見るかぎり女性の主張が圧倒的に勝っているのに、印象としては男性が勝っている」（234頁）。なぜそういう印象をうけてしまうのかエスノメソドロジーの手法によって読み解いてもらいたい、というものであった。したがって好井は討論会の現場にはたちあっておらず、検討対象はあくまでそのビデオ映像のみだった。そして好井もその映像記録から、依頼者と同様の印象を受け取ったのだという。

討論会は次のような形式で行われた。主催は学友会の人権推進委員会、会場は学内の講義室、中央に男性の司会者（素性の記載はない）がすわり、討論参加者として男女学生が三名ずつそれぞれ二手に分かれて長机の前にいる。ほかに聴衆（人数や構成等の記載もない）がいた。ビデオ映像を提供した教員の位置づけについても記載はない。討論の時間は約七〇分であった。

以上の形式のもとに実施された討論会を対象にして、好井論文はつぎのように構成された。付された表題だけを列挙しておく。

一　「男女の不平等」をめぐる学生討論会

二　討論会の全般的な特徴

1　討論の形式的特徴

2　討論の概要

3　討論空間の非対称性

（1）司会（男性）がつくる男性の優先性

（2）男性の「語り方」――聴衆への共犯関係の強制

三　からかわれ・さらされる女性――トランスクリプトからの例証

1　〈からかい〉と〈皮肉り〉――「かわいい奥さんもらって」

2 〈さらし・からかう〉――「ちょっと、まてやぁ、このミニスカート、…（略）」
3 〈からかい・撤退し・からかう〉――「俺たちはレイプやったらあかん派やなぁ」

四 〝螺旋運動〟としての批判的エスノメソドロジー

やりとりされた討論内容を好井の整理にしたがって記すと、おおむね次のようであった。

まず今の世の中で男と女のどちらが得をしているかというトピックから討論ははじまった。男性のほうからは、パチンコ屋やガソリンスタンドにレディースデイがもうけられる、デートで女性が金を払わず男が損をしている、自治会やサークルなどでもしんどい仕事はいつも男性にまわってくるなどの言い分が投げかけられる。それにたいして女性のほうからは女子学生の就職率が悪いという現実のあることや、家のなかでの日常的な細かい気遣いなどを含めてさまざまな家事の負担が女性にかかっているなどの反論がある。このあたりまではさほど差し障りのないやりとりであったが、男性のほうから、女性たちは派手な服装や化粧をすることで男性に媚びを売っているではないかという発言があったあたりから、徐々にやりとりは深刻になってくる。ついには「そんなかっこうで夜道を一人でふらふら歩いていて、痴漢やレイプにあっても自業自得だ」という意味の発言があるに至って対立は決定的になった。女性の一人から、自分は日常的にレイプに対する恐怖感を抱いており、多かれ少なかれ女性に共通すると思うこと、その点を男性は理解してほしいという発言もある。その後すこしばかりのやりとりがあったあと、時間がやってきたので討論会はなかば強制的に打ち切られた。

この好井論文のテーマは「男女の不平等」という事象やそれぞれの主張そのものに対する好井の論評ではなく、あくまでこの問題をめぐって男女討論者双方がどのような方法（戦術、と言いかえてもよい）により討論を行ったかということへの分析にある。そして好井は前述したように、その討論全体から、男性のほうが勝っているという印象を受け取った。したがって好井論文を対象とする最も主要な論点は、男性たちがなぜそのような印象を好井に――同時に依頼者である教員にも――与えることができたのか、という点に関する好井自身による解明でなければならない。すなわちすでに述べたように本稿の課題は、好井がどのような「方法」を通してわれわれ読者に好井自身の見解を伝えようとしたのか、というところにあることを再度確認しておきたい。

好井は以上の討論におけるそれぞれの主張内容に対しては、直接の論評をしない。そのかわりに討論全体に関して、大きく二つの特徴を指摘した。

（1）討論および会場全体にみられる男性の優先性（上記構成の「二-3-（1）」にあたる）

司会による進行のさせかたにおいて、無意識にではあるのかも知れないが随所で男性の優先性が表現され、それが討論の大枠を男性優位のものに作りあげてしまっていた。一つは自己紹介の順序が、男性→司会（男性）→女性というふうに、討論会のテーマからずれる形で指示されたこと、二つ目は、女性の側からまず不平等についてトピックを提示してもらいそれに男性が反論するという進行方式を説明したにもかかわらず、実際には最初の発言が男性の側に指示された、という二つの観察事実をあげた。ただこの点についての具体例としては冒頭部分での司会の発言に限られており、全体としては「男性の優先性を、その場その場でつくりあげていることが、ビデオ映像からは明らかなのである」（243頁）と言うに止まっている。

（2）男性討論者の語り方に見られる特徴（上記構成の「二‐3‐（2）」に対応）

実際の討論場面において男女双方には対照的な相違が見られた。女性の場合には討論相手である男性たちに向かって語りかけるか、女性同士で確認し合うような語り方が中心であった。それに対して男性たちの場合は、直接女性にむけられる言葉による応答のほか、フロアの聴衆に語りかけたり視線をむけたり不特定の誰かを指さしたり、というようにさまざまな身体表現をともなう訴え方が目立ったという。そして〈おとしめる‐おとしめられる〉〈からかう‐からかわれる〉〈さらす‐さらされる〉という男女間の非対称的な関係をあらわす言葉が集中的にこの項で使用される。そしてこれらの言葉で表される具体的な語りや身体表現が最大限に駆使されることによって、第三者であるはずの聴衆を次第に巻き込んでいったという状況に注意が向けられる。こうして男性討論者たちは女性たちを圧倒することに成功したのだという。

　これら二点の特徴に関する好井の論述は、比較的淡々と進められたそれまでの叙述にくらべるとはるかに分析的である。むしろこの部分にこそ好井論文の主張があるとさえいってよい。ただ重要なキー行為として示される〈おとしめ〉〈からかい〉〈さらし〉のうち、最も中心に置かれるのは後述するように〈からかい〉である。〈おとしめ〉の位置はさほど高いといえず、具体性にも乏しい。またタイトルとして二つ並べられたうちの〈さらし〉は実際の場面に登場するものの、これも全体を包摂するほどの広がりや強さはあまり持たないといえる。

以上の特徴がどのような読み取りによって導き出されたのか、具体的なデータに基づいて例証されたのがつぎの「三」である。一般にエスノメソドロジー分析のために文字化されたデータはトランスクリプトとよばれるが、本論文では三つの場面からそれぞれ相応の分量をもって作成された。ここには言葉による相互のやりとりのほか、相手の発言途中での割り込み発言、いわゆる「ト書き」に相当する身体表現、沈黙状態の発生、場内の反応（主として笑い声）などが、おそらく可能な限り詳細に記録されている。ただどれほど具体的か詳細かといっても、データが文字として提示されなければならない以上、不可避な制約はある。与えられた映像の中から議論のために何を有意なものとして拾い出し、どのように記述するかが、トランスクリプト作成のための最重要関門になるからでである。それゆえ、私を含めた好井論文の読者たちが直接討論の場に立ち会うこともビデオ映像を見ることもできない以上、一定の様式にしたがって作成されたトランスクリプト自体もまた好井の議論の一部を構成していることを前提に、考察を進めてゆかなければならない。

Ⅱ…解釈と仮説——好井の方法・その一

上述した「二-3-(2)」で特徴とされた聴衆への働きかけが実際にはどのように行われたのか、トランスクリプト（248〜249頁）によって、もう少し具体的にそのやりとりをみておこう。

一人の女性が、自分は就職したいと考えているのだが、一方で自分のこと、夫のこと、子どものこと、近所づきあいや親戚づきあいなどが女性のほうにばかりかかってくる、という旨の発言をする。もう一人の女性がそれをうけて「男はどうせ仕事のことだけ考えていればいいんじゃないか」と続ける。それに対して男性の一人は、仕事のことだけを考えているような男は最近はいないとか、たまたま理解のない男とばかり接してきたせいで、マイナスのほうに考えがいってしまう、と反論する。この反論が現実に女性たちの主張への反論になりえているのか、という事実認識の当否は別において、注目すべきはその反論にともなう男性たちの身体表現である。この発言の際に、彼はまず他の男性に目をやって同意を求めるそぶりをし、次に「フロアーに視線を向け、顔を前に少し出し、フロアに訴えるしぐさ」をする。さらに続いて「両手を前に出し、手をあわせるというしぐさをしながら、フロアーに視線を向けながら、フロアーに向かって同意をえるように」、「ちゃんと嫁さんと一緒にがんばっていこうって。ねぇ」と発言する。すると二人目の男性が、女性たちが視野をもうすこし広げれば「俺らみたいに理解ある男だっておるんやから」と説得発言をおこなう。三人目の男性もまたそれに同調する発言とともに、ここでもまたフロアーを意識した身振りをする。さらになかの一人は直接フロアーにむかって、聴衆自身からの発言を求めるという場面さえあった。

以上のようにこの部分では男性三人の発言内容ばかりでなく、フロアーにむける身体表現においてもまた見事に連携がとれていたことが読み取れるであろう。好井はこのように積極的な身振りをともなう応酬を

ここで男性たちは、聴衆を巧みに自分たちの〝サイド〟にとりこんでいく。女性たちの主張に対して、そんな男はいまどきいない、と直接反論しても、やりとりとしては展開可能な場である。しかし、男性たちは互いに協力し、聴衆に自分たちの反論への〝同意〟を強制していくのである。（中略）男性たちは、聴衆に同意をゆるやかに強制していくこうした方法をさかんに討論のなかで用いていたのだ。（243～244頁）

と総括した。ここで好井が述べた「直接反論」は、相互のやりとりの言葉部分だけをとりだせばそのとおりなされていたといえるはずである。それゆえ好井がこのやりとりにそれ以上の意味を見出したとすれば、男性三人が協同して行う聴衆への働きかけという身体表現および言語表現への観察が根拠の一つになったと考えなければならない。もっとも好井がこのやりとりを、男性から女性への〈おとしめ〉と位置づけたことにはいささかうなづけないものがある。なぜならば、討論相手の主張を事実に反するとか矛盾があるとかいう理由で反論するのは、討論としてごく真っ当な手法であり、それを〈おとしめ〉というにはあたらないからである。実際〈おとしめ〉という言葉は、このくだりに登場するだけで、以後はまったく姿をあらわさない。それにもかかわらず上記の好井の指摘は重要な意味をもっている。ただそれは〈おとしめ〉よりはむしろ〈からかい〉の文脈で語られるほうがはるかにふさわしいと私は考えている。

ともあれここまではビデオ映像を実際に見るのでなければ十分には理解できないかもしれない、エスノグラフィックな叙述と分析であった。ところがつぎにあげたい討論場面は、身体表現をほとんど前提にしない純然たる会話分析である。

さきに述べたように、エスノメソドロジーは分析にあたって〈いま‐ここ〉という時間と場にきわめて大きな意義を見出そうとすることを特徴とする。好井もまた、つい聞き過ごしてしまいそうなやりとりを微細に分析することによって、互いの言語表現が今まさにその場で生起していく様相を描きだす。分析の一例をあげてみよう（以下248〜249頁。Fは女性、Mは男性を表す）。

F：女の人が社会に出てね、働こうと思ったら、がんばることがたくさんありすぎるんですよ。たとえば、私が就職したいのは、就職したいからしたいんだけど、就職して、結婚して、…

M：まぁ、できればね。

F：うるさい（場内爆笑）。結婚して、自分のことと、だんなのことと、子どものことと…（後略）

この発言はさきほどの、男性の無理解や非協力をめぐるやりとりの直前部分にあたる。読んだとおりFの発言に対してMは「まぁ、できればね」と一種の〈からかい〉で介入し、Fはそれに「うるさい」と切り返す。好井はこの種の〈からかい〉はそれだけをみれば日常的にみられる類のものだという認識を示す。つまり双方の関係の親密さが互いに了解しあえているような場合であれば、特に深い意味のないジョークにすぎないという一般的な理解も可能であるはずだと、いったんはいうのである。

しかし好井はその一般的な理解に満足しなかった。好井が注目するのは、さきほどのやりとりのしばらく後になされたFの次の発言である。

F：じゃあ、あんたたちがね、結婚して、かわいい奥さんもらって、まぁぶさいくかも。
M：（何かを応答し、場内爆笑）

好井はこのF発言を〈皮肉り〉と称したうえで、その〈皮肉り〉がなぜここで生じたのかを分析しようとする。その問いに対しては二つの仮説が示された。

① 男性たちが述べる家庭や家族のイメージ、男性中心とした「しあわせな結婚、家庭生活」イメージがあまりにもステレオタイプであり、その問題性を直接指摘するよりも、ゆるやかに皮肉ったほうが効果があると、Fは考えた。
② さきほどの応答における「まぁできればね」というMの〈からかい〉発話に対抗するかたちで、Fによるこの〈皮肉り〉が生起した。

これら二つの仮説のうちから、好井は明らかに②のほうにより高い妥当性を見出している。その選択の根拠が直接に示されるわけではないが、好井のつぎの判断は、好井自身の思考方法をよく表していると考えられる。

討論の全般をみるかぎり、こうした〈からかい〉〈皮肉り〉の応酬は、よくみられた。それは、一方的になされるのではなく、双方がやりあい、やられれば、やりかえす、という形でいわば〈からかい〉のバランスとでもいえるものがある。このケースもその応酬といえ、Fも、さきに受けた〈からかい〉に応酬するために「かわいい奥さんもらって」と男性たちを〈皮肉った〉のかもしれない。（250頁）

これら二つの仮説にはどのような違いがあるのだろうか。好井の見解を要約すれば、①のほうは男性側の認識に大きな問題があると女性側はとらえ、その問題性をより深く認識させるためには〈皮肉り〉のほうが効果的であると女性発言者は判断した、というものであるといってよい。つまりその〈皮肉り〉の意図が実際上どれほど男性に伝わるかは別にして、相手の理性に訴え刺激するという方法をとったのだ、という説明の仕方となっている。それに対して②のほうで摘出されたのは、「応酬」という言葉が使われたように、まさしく言葉によるけんかである。「やられれば、やりかえす」という、〈いま‐ここ〉でなされていることへの、〈いま‐ここ〉での瞬間的な反応がこのようなやりとりを生起させた、という説明の仕方である。

しかし対抗する二つの仮説のどちらのほうにより高い妥当性を見出したかという点についていうならば、決定的な根拠が示されたわけではかならずしもない。①に関していえば、男性側のそうしたステレオタイプ・イメージは、この部分以前から頻繁に呈示されていて、討論の終わりまでほとんど変わることがなかったと、好井はいう。いっぽう②に関しては、討論の全般を通じてこのような応酬が随所にみられたという好井の観察が根拠になる。それにもかかわらず②が選ばれたのは、この論文での記述にみる限り、推論の原則に関する好井の嗜好[3]が〈いま - ここ〉をより重視する側に傾いていたから、というほかないのである。

以上、眼前にある事象に対する好井の分析方法について、ここまでの考察で判明したことをあらためて整理しておく。①討論会場の外に存在しているはずの一切を考慮することなく、ただ〈いま - ここ〉で生起され続けている事実だけに焦点をあわせつづけること。②やりとりの一部だけを単独で取り出し、一般的で分かりやすい通念などにしたがって理解してしまうのでなく、できるだけ広い討論の文脈においてそれを検討すること。

もっともこれら二点は、エスノメソドロジーの、とりわけ会話分析という方法に忠実にしたがっていたという指摘をとくに出るものとはいえない。だがもう一つ大事な問題が認められた。結論という形をとる学術的仮説は、いつでもデータそれ自体から一意的に導き出されるとは限らないということである。むしろ可能ないくつかの対抗する仮説をあげ、そのなかでもっとも妥当性の高いそれを選ぶという段階を経るという手続きが、論文の説得性を担保する。ただ困難なのは、妥当性の高さに対する判定規準である。好井はその段階で十分な根拠をあげることをしなかったが、それでもその背後に〈いま - ここ〉でというエスノメソドロジーの原則が見え隠れしていたことは認めてよいであろう。

なお好井の論述には、〈いま - ここ〉において生起されるやりとりの仕組みを指摘するだけで終わらず、それが聴衆を引き込むのにいかに効果的だったかを分析した続きがある。応酬としてのバランスがとれてはいない、というのだ。Mによる〈からかい〉が女性の願望を全否定する可能性をもつのにたいし、Fからの〈皮肉り〉は男性にとっての実現可能な想像をまったく否定するものではなく、軽く〈皮肉る〉程度で終わってしまっていると好井は判定した。つまり「形としては『応酬』となっているが、討論の展開の〈いま－ここ〉にこうした発話が組み込まれている以上、それらは、圧倒的な効果の違いが、そこでつくりだされている」（251頁）という。すくなくとも好井はこのくだりのやりとりを以上のような文脈でうけとめ、「男性が勝っている」という印象の根拠としていることが理解できるであろう。

Ⅲ…討論会場という実験室――好井の方法・その二

好井がこの討論会において発見した重要なことの一つは聴衆という存在であった。男性たちは様々な方法を駆使して、聴衆を討論の当事者として引き込み、かつ味方につけることに成功した、ということは、すでに指摘したとおりである。そこで次にはこの結論をめぐって、これまでと全く異なる観点から考察してみよう。

仮にこの討論が街角とか公園の一角でおこなわれていたとしたら、どんな展開になるだろうか。最も異なる点は、一定の聴衆が存在しなくなるということである。通り過ぎる人びとは、数人の男女が何か言いあいをしていると横目で眺めながら通り過ぎていくだけであろう。ところが会場に使用された講義室という閉ざされた空間は、そうではなかった。もともとが討論に耳をかたむけることを目的として集まった聴衆である。そしてきわめて重要な事実は、聴衆が単なる聴衆という位置にとどまることなく、独自の方法でこの討論会という状況を生成する一員になった。つまりこの討論会の当事者として、互いに意見を述べあう男女三人ずつの討論者のほか、聴衆も加わることになった。結果として、エスノメソッド（人びとの方法）が駆使される組み合わせが一通りから三通りに増加し、これら三者のあいだで種々のコミュニケーションが展開されることになった。言いかえれば、好井にとってこの討論会場は、観察に値する一種の実験室に変貌したのである。そしてこの実験における最大のポイントを「発見」という言葉で表すならば、再三述べてきたように「聴衆」という存在とその役割であった。

男性女性間の討論が必ずしも正面から立ち向かうものではなく、微妙なずれがあったことはすでにみてきたとおりである。問題は聴衆と討論者との間のコミュニケーションである。これについても好井は詳細に触れている。彼が注目したのは討論者と聴衆たちとのあいだで行われた、具体的な相互行為であった。男女討論者たちのそれぞれが聴衆の前にたち、男女差別のありかたを実例をまじえながら意見を述べ、自分たちの意見の正当なることを訴えようとする弁舌に集中していたとするならば、聴衆は討論の第三者であるにとどまって、聴衆との間に何らの相互行為は生成されなかっただろうし、好井の関心をひくこともなかっただろう。

もう一度全体を整理しておくならば、男性側は女性のたちの発言に対してしきりに〈からかい〉をなげかけて直接の論争を回避しようとしただけでなく、セクシャルな笑いを喚起させることによって聴衆を自分たちの〝サイド〟に引き込もうとした。この戦術は見事に効を奏し、ビデオ映像をみた二人の教員にさえ「男性が勝っている」という印象を持たせたのである。

ここまでの好井による読み取りは十分に説得力をもつものであった。好井論文の質の高さを示す論旨の展開があったと評するにやぶさかではない。

だがここで一つ、好井が目を向けなかった疑問が生じてくる。たとえ司会の進行ぶりが男性側にいくぶんかの優位性をもたらしたということはあったにしても、討論者たちにゆだねられた限りでは条件は同じだったはずである。それにもかかわらずなぜ男性たちは討論において女性たちを圧倒することに成功したのか、女性たちはなぜそれができなかったのか、ということへの理由である。それが具体的な討論戦術の違いにあったと好井に指摘されたとおりであることを、ひとまずは承認しておこう。

それでは男性側討論者たちは、そのように巧妙な戦術があることをどこで知り、またそれを適切に使いこなすスキルをどのように身につけたのだろうか。反対に女性たちはなぜそのことを知らなかったのか。あるいは仮に知っていたとしても、あえてその戦術を避けただけなのだろうか。

そのようにつめてくると、考え得る最良の答え（＝仮説）は、男性側は自分たち優位の男女差別が日常的に存在する社会環境において学んできたから、ということになるのではないか。好井は最後の節で、すこし違った文脈で、この環境について述べている。好井がたまたま見たTVドラマの冒頭と終了の場面で、男性主人公が女性職員の尻をさわるというシーンが登場していることに触れ、ドラマの開始と終了のアクセントとして積極的に利用されていると言う。つまり「端的にいって、こうしたセクシャル・ハラスメントや性的からかいを積極的に容認していく日常を、わたしたちは生きている」（263頁）と言う。すなわち男性討論者たちはこうして身につけてきた日常性を、この実験室においてものの見事に再現してみせたということにほかならない。

さらにもう一つ指摘しておくならば、聴衆の笑いを喚起することによって徐々に味方にとりこんでいくという戦術も、じつは人びとによく知られた方法である。好井論文を読みながら私が思い出していたのは、映画「アラバマ物語」の一シーンであった。アメリカで黒人差別がまだまだ過酷な時代、南部の小さな町で一人の黒人が白人女性に暴行を働こうとしたかどで告発され、裁判にかけられる（映画の描写から読み取れる限り、それはあきらかに冤罪であった）。裁判所の一階で椅子に座ることができるのは白人だけであり、黒人たちは二階のベランダ様の場所から立ったままで傍聴するほかはない。陪審員たちも全員が白人である。保安官と裁判長は中立的な姿勢を保っているように描かれている。まず被害者とされる女性の父親が証言席に座り、白人検事から簡単な証言を求められる。それが終わって主人公である弁護士アティカス（白人である）が反対尋問のために証言席に近づこうとしたとき、早々に退場しようとした父親と肩どうしがぶつかってしまった。父親はその瞬間、なんとも言えない笑い声をあげながら傍聴席全体を見渡した。これに呼応するかのように、傍聴席のほうからも笑い声がおきた（ただし画面には現れず、声だけだったが）。このシーン、せまい机の間を二人が同時に通り抜けようとしたため、すれ違いざまにおきた偶発的なできごととしかとれないこともない。けれども直後のなんとも言えない顔つきと挑発的な笑い声、そしてここでは紹介しないが、そのあとの少々いやみを含んだセリフから、むしろ意図的な行為であったと見るほうが妥当であるように思える。

この映画の一シーンと、討論会での男性側討論者と聴衆の笑いを介した相互行為は見事に符合するといわなければならない。映画のほうはあくまで演出上のできごとだから、登場人物自身の方法でないのはもちろんだが、監督はこのような方法があることを知った上でそれを意図的に再現したことは間違いない。言いかえれば、〈からかい〉と笑いの呼応関係は、好井が新たに発見したわけでも、エスノメソドロジーという手続きが必須だったというわけでもない。つまりエスノメソドロジーによってはじめて発見される事実など、エスノメソドロジストたちが期待するほどにはそう多く存在しないのだ。エスノメソドロジーが、自明のこととして社会のなかに埋没していた「人びとの方法」を白日のもとに引き出すところに目標を定めているのだとする以上、それは当然である。

そうだとするならば、好井がこの論文において見出したこととはいったい何だったということになるのだろうか。けれども好井はそれを直接には語らない。そのかわりに、これから先にあるべき課題という形で語ろうとする。だがその前に私のほうから一つだけ指摘しておかなければならないことがある。エスノメソドロジーがしきりに強調する〈いま-ここ〉は、文字どおりの〈いま-ここ〉だけで成り立つことなど決してないはずなのだ。たしかにその瞬間、その場所で行われていることを〈いま-ここ〉という言葉で表現することは可能である。しかしその〈いま-ここ〉は、多様な日常のなかの一コマとしてのそれであるにすぎないし、さらにはもっと長い生活史の結果としての〈いま-ここ〉であるともいわなければならない。この討論会における〈いま-ここ〉がそれだけの背景をもちながら成立していたにちがいないことは、さきほど指摘したとおりである。その点をふまえたうえで、好井の一見相反する二つの文章を引用しておくことにする。

・日常的に差別現象を構成する常識的推論、ひとびとの方法。そうしたものは、それだけ独立してどこかに存在しているのでない。つねにひとびとが生活する〈いま‐ここ〉に息づいている。（263頁）

・エスノメソドロジーは「ローカリティ（locality）」に注目するという。このローカリティとは、まさに個別具体的な生、すなわち生活史的基盤をもつ個人が〝生きてある〟その場そのとき、ということなのだ。そこには、もちろん複数の〝生活史的知〟が錯綜し、あるいはせめぎあう。こうした〝せめぎあい〟をどうトピックとして解読し得るのか。「よりローカルに根ざした自明なるもの」の主題化というさらなるエスノメソドロジー的問題だ。今のところ、わたしには、この問題に対して、これは、という「処方」もないし「解法」もない。ただ「解法」にいたる一つの手がかりとして考えているのが、ライフヒストリーの〝実践〟であり、ライフヒストリーを語ること、聞き取ることがもつ〝思想〟だ。（好井1998　52頁）

エスノメソドロジーは〈いま‐ここ〉の積み重ねこそが日常を生成していくのだと主張する。その主張に私も全く異存はないし、そのための方法論にも関心をもった。だがそれを反対側からみていくこともできるはずだ。すなわち人びとの日常の一断面として以外に〈いま‐ここ〉は決してありえない、ということである。たとえてみるならば、戦略も戦術もないその時その場でのボールの蹴り合いでしかないサッカーを観戦させられるほど退屈な体験はないということだ。

Ⅳ…文体——好井の方法・その三

本稿で読み解こうとするテーマは、論文執筆という行為における「人びとの方法」そのものであった。私は好井裕明の論文を素材にして「方法」を読み解くことにつとめてきたわけだが、好井論文に限っていえば「人びとの方法」は三つのレベルで表れたことになる。最表層には好井によって解き明かされた討論者たちによる「討論のための方法」があった。それが好井論文が目的としていた好井による解答にほかならない。したがってその次の層には、この問題を解くため好井自身によって意図的に選択され論理的に駆使された「解答のための方法」がなければならない。前節までで、読み手としての私が読みほどきを試みたのはここまでであった。だが論文執筆者の立場に立った場合、論理的実践としての「方法」はここから直ちにいかなる前提もなく始まるはずはない。なぜなら一本の論文を書くためには、論者自身の立っている場所がなければならないからである。科学哲学上、その場所のことをパラダイムなどと呼ぶこともある。ただこの言葉は一定の研究者集団や学術的潮流を前提とした概念であるから、本稿の文脈に必ずしも添うとはいえない。わたしが目を向けたいのは、著者個人のより深いところに存在しているはずの思考の形式である。それは普通、なかば無意識のうちに潜んでいるものであろうから、著者自身に直接語らせることはあまり期待できない。そこでわたしはそのような「方法」を、文章で著すという表現実践そのものをとおしてすかし見ることはできないかと考えてみた。それが「人びとの方法」

の第三のレベルである。

通常、学術論文において「方法」といえば資料の収集と提示、解釈、推論、全体の章構成などをさすことになる。けれども私がここで最初に考えてみたいのは、この論文における表現方法、つまり文体である。だがそもそも文体は「方法」の範疇に属するといえるのだろうか。まずはこの点について一言しておかなければならない。

読者の側に立つならば、読み手はその論文に表れた文体を通して当該論文に接することが最初の段階になる。地の文に限っても論文で通常は常体文が採られることになるが、例外的に敬体文が使用されることもある。日本語論文である以上、和語が主体になるのはもちろんであるにしても、そのなかで漢語や漢字の使用頻度はどのくらいになるか。一文の長さをとっても長短さまざまがある。淡々と叙述を進めていく文体もあれば、さまざまな、ときにはきらびやかなほどの修辞法が駆使される論文もあるだろう。

執筆者の側に立つとそこに各種の学術用語が入り込んでくることになる。類似の意味をもつ用語に対しても、学統上の立場によって選択される語彙とその表記方法はことなってくる。もちろんそれ以前に、学問分野によって学術用語のスタイル自体に大きな違いがあるだろう。自然科学系の論文において学術用語は意味内容が厳密に定義されるのが普通であるから、用語の使用法について執筆者にそれほど裁量の余地はない。それに対して人文科学系では必ずしも厳密な用語使用を強制されるとは限らないし、それ以前に用語の厳密さ自体に限界がある。それでもなんとか意味を推測することは可能だったりすることのほうが多い。

哲学者の廣松渉は、哲学における文体について興味深い指摘を行っている。西洋の哲学者たちによる専門用語の使用は意外なほどに少なく、ほとんどが日常的な用語であるという。それでも哲学の文章が難解になるのは特殊な単語を使うことによるのではなく、意味が日常的な用法とズレているためなのだというのである（廣松1988　8頁）。このズレという点だけをとってみれば、後述するように隠喩の多用という形で好井も採用する文章技法となる。

廣松の指摘は、哲学研究における方法と文体との直截の関係を語るものとして受け止めることができよう。それに対し、両者の関係を人文学一般における必然として指摘したのは長谷川一である（長谷川2008）。長谷川は卑近な例として、ある論文が「そんな浅薄な発想じゃ、しっかりした論理の枠組みにならないよ」と批評されたとするとき、その発言は隠喩に依存しているという。なぜなら「浅薄な発想」は紙のように薄っぺらい格好をした物体としてイメージされているだろうし、「しっかりした枠組み」はコンクリートを固めるときに用いられるような堅固な型枠のようなものとしてイメージされるに違いないからである。そこから長谷川は次のように主張する。

比喩は、一般に漠然とそう信じられているような修辞上の装飾であるとはかぎらない。なかでも隠喩は、人間が認識し思考するうえで、けっして欠くことのできない基盤を織りなしている。（中略）

隠喩とは、事物を別の事物に置き換えるのではなく、事物と事物を結ぶ関係に注目し、さらに別の事物間の関係とのあいだに共通性を見いだすことで成立する。したがって、隠喩はつねに、隠喩によって成り立っている概念を意味するのだ。（長谷川２００８　５頁）

言いかえれば人文学における論文とは、たとえば数学などにおけるように論理記号と推論規則だけでなりたっているわけではないのだ。書き手にしてみればそれ以外のさまざまな文体上の工夫が主張の一部分をなしていることになるし、読み手にとっては地の文章部分と学術的な分析部分のどちらにしても、最初に文体をとおして書き手のメッセージを受け取るほかないのである。その意味で「文体」は「方法」の一部分を構成していると確信しうる。

【日常語】　最初にとりあげたいのは、討論というこの場での相互行為自体を語るための言葉である。男女双方ともにそれなりの工夫があるのだが、本論文で最も重視されるのは「からかい」「さらし」という二つの語である。どちらも「からかう」「さらす」という形で男性から女性に働きかけが行われ、そこからこの場において差別が生成されていく様相が描かれる。しかし論文タイトルに採用されたのは「からかわれる」「さらされる」という受動態のほうであった。女性のほうを主語とするこのような使用法が、はからずも好井の立ち位置を示している。

このほか男性側からの働きかけとして「おとしめる」があり、女性側からのこのレベルでの数少ない働きかけとして「皮肉る」がある。この四つの言葉のうちでもっとも頻繁に使われているのは「からかう」であり、男性側からの討論戦術の中核をなしていたことがわかる。それに対して女性側からの討論戦術はあまり詳しく記述されない。わずかな例外として女性側による「からかい」「皮肉り」が指摘されるが、あとは包括的に「理屈や論理的な説得性」（235頁）があげられるに止まっているといってよい。つまり男性側の討論戦術は、基本的に日常語彙の範疇によって叙述されていることがわかる。一例を引用してみよう。

> 女性たちが語り議論を深めたい不平等な事実やそこにはらまれる論理、情緒が、男性たちに〈からかわれ〉続ける。聴衆は、この〈からかい〉に〝適切に〟反応し、あるときは、率直に〈からかい〉を笑い、あるときは、男性たちの〝過剰な〟〈からかい〉を「そこまで言うのか」「それは言い過ぎではないのか」と言った意味をこめていると思われるようなざわめきの「笑い」で応答する。
> 〈からかい〉に対して、そのまま承認して「笑おう」と、抵抗を示しつつ「冷笑」しようと、〈からかい〉を〈からかい〉として成立させていることに基本的に変わりはない。聴衆の多様な笑いが男性による〈からかい〉にちからをあたえているのだ。（245頁）

この引用にある各種のカッコはすべて原文のままである。しかもこの数行の引用のなかで〈からかい〉は八回にもわたって登場するのである。つまり実際のからかい方表現[4]はそのたびに異なっているにしても、戦術としてのあるいは概念としての〈からかい〉がいかに有効に機能しているかを語った一文である。

ところで通常の学術論文ならば、これほど重要な機能をになわされた概念を和語や日常語で表記することは、あまりふさわしくないと受け止められるだろう。しかしそれをたとえば「揶揄」というような、普通には使われることがない漢語で記述した場合とくらべて、読み手の印象はかなり違ってくるにちがいない。なぜならば私たちは日常生活のなかで人を「からかう」ことはあっても、「揶揄」することはほとんどないと考えられるからだ。「揶揄」は大半の読者にとって単に言葉として知っているにすぎないだろう。いっぽう「からかい」はどんな状況で用いられ、あるいは用いられてはいけないか、肯定的否定的のどちらにしろどんな人間関係を前提とし、そこからどんな人間関係を生みだすか、それらすべてをほかならぬ読者自身が身につけている言葉である。だから論旨のポイントとなる概念をあえて日常語で表現することは、大きな意味をもつと言わなければならない。この討論の場合、〈からかい〉は単に討論相手が主張する論理を冗談交じりに反論しているだけでなく、相手の存在そのものの価値を否定するという効果をも持ってしまうのだ。それゆえ〈からかい〉は好井があげたもう一つの〈おとしめ〉に通じるものをもってしまうことにつながる。

つまり男性たちによって働きかけられる行為が、読者自身が微妙な意味合いにいたるまで熟知している言葉で語られることによって、好井の判断は強いリアリティを獲得し、その正しさを読者に訴えかけてくるにちがいないのである。

ほかの三つの言葉、「さらす」「おとしめる」「皮肉る」に対応する適切な漢語表現を思い浮かべることはなかなか難しいので、好井にとって日常語による表記はやむを得ない選択であったかもしれない。しかし訴求効果という点から考えるならば、なかば概念語――むしろキーワードと言ってよいかも知れない――化された日常語彙の頻繁な使用は、あきらかに好井自身にとってのエスノメソッドの範疇に属すると、私は考えている。

【隠喩】 学術語としての響きの弱い言葉群は、好井自身が考察を重ねていく文脈でも多用される。いささかくどくなりそうだが、いくつかの実例をまず挙げてみることにしよう。なお、以下の引用で各種のカッコは原文のまま、該当部分を示す傍点は私が付したものである。

・聴衆はこの〈からかい〉に〝適切に〟反応し、あるときは率直に〈からかい〉を笑い、あるときは……ざわめきの「笑い」で応答する。（245頁）

・聴衆が理解できているか否かは、関係がない。先に述べたような、聴衆を自分たちの〝サイド〟にとりこんでしまうという方法の行使である。（254頁）

・「女らしさ」という言葉は、いったん女性の説明によって意味をこめられていたのが、M1の発話以降、司会の整理をとおして、ゆるやかにかつ確実に〝脱色〟されていくわけである。この状況でM2は意味が〝脱色〟され空虚となり討論空間を浮遊する「女らしさ」にさきにあげたような女性に対する偏見を一挙に充填する形で、当該状況で問題とすべき「女らしさ」の内容を強引に転換し、F3を〈さらし・からかっていく〉のだ。（256頁）

・「痴漢とかレイプ」という言葉が空間に放出される。（258頁）

・F1の発話は男性の〈からかい〉による応酬の〝いきおい〟を一挙に減退させていく。（259頁）

・「俺たちはレイプやったらあかん派やなぁ」と自らを〝戯画化〟し、〈からかわれる〉対象として、討論の〈いま－ここ〉[5]から撤退していくのである。（259頁）

・このテーマ（レイプに関するやりとりをさしている）を男性たちの〈からかい〉の次元に回収することも成功していない。（260頁）

さらに改めて最初から好井論文を読み直してみれば、論文タイトルそのものからしてきわめて隠喩的であることにも気づくであろう。このような修辞技法の多用は、文体に関する著者の好みに属する一面がなくもないとはいえるかもしれない。しかしいっぽうで第三節に置かれた、トランスクリプトにもとづく例証・考察のくだりにこのような表現が頻出してくることも見落としてはならない。すなわち好井による具体的な解析作業は、これらの（もしかしたら意図的な）修辞法と密接不可分に行われているというべきなのだ。

一般にアカデミズムに属する文章において、このような文章技法は忌避されるのが普通である。一つは隠喩法に用いられたことばは日常語であることがほとんどであり、日常語であるがゆえに学術上の厳密な定義・概念化とは相容れない。二つ目には、隠喩という技法においては表現の解釈が読者にゆだねられ、言葉の意味の幅を広くあいまいにしてしまうからである。反対側から見れば、好井は明確に定義された学術用語や専門用語、概念化された語を用いて自分の主張を正面突破させようとするのでなく、あくまで日常用語をとおして読者がみずから納得するという方法を採用した。つまり有無を言わせぬ言葉で読者を圧倒してしまわず、読者が通常の感覚で理解できる語彙を多用しながら、そこに少しばかりの違和感を持たせることで読者をとりこもうとする戦術を目論んだのである。そのための仕掛けがカッコ書き（＝マーキング）であった。そのままではあまりに明快で素通りしてしまいかねない、つまり「自明性」のなかに埋没してしまいかねない言葉たちを使って、もしかしたらもう少し異なった角度からの意味を読み取るべきではないのかと推量させるための仕掛けといってよい。読者たちは普段から目に慣れた言葉に接しながらも、それらの言葉たちに少しばかり躓いてしまい、異なったメッセージを探そうとする。

だから上述の引用例で「適切に」と言ったとき、それはあらかじめ社会的文化的に、あるいは論理的合理的に正しいとされる答えを言い当てるということでなく、この文脈では、その時その場で自分に働きかけてきた討論者の意図に添うかたちで、という意味合いが含まれていることに気がつくであろう。

さらにもう少しあとの引用に現れた「脱色」という言い回しなどは隠喩の典型といえるかも知れない。この部分に対応するトランスクリプトがないので、私の受け止め方も不十分にならざるをえない。それでも好井の叙述にしたがうならば、女性が主張していた女「らしさ」の内容がおもに外見的なものでなく、女性としての内面やトータルな存在にかかわるものであったはずが、司会の整理を含めた討論の進行によってほとんど「消え去って」（256頁）しまった、という状況をさしているようである。つまり意味内容を色彩に見立て、「脱色」とはその直前の「消え去って」に対応する表現であろうと推察できる。そしてある時点までは明瞭な色彩をもち、それゆえに一定の明晰さをもって存在していた意味が「脱色」されることによって、あてもなく浮遊するだけの空虚な何かになり果てていった、というニュアンスがここには込められているのだろう。

すなわちこれらの論文表現において修辞法はたんなる文体への趣味や飾りなどではない。隠喩とは言葉を文字どおり、あるいは辞書に書いてある意味どおりにうけとめさせるのでなく、その言葉をすこしずらしたところから解釈しなおさせるための技法といえる。いいかえれば隠喩――あるいは修辞法一般にと言ってしまってよいのだが――とは叙述されたことへの読者からの能動的な働きかけを誘い出すという機能をはたしているのである。

この文体技法から、私は二つの点に気がついた。一つは好井が別の文脈で指摘した、男性討論者による討論戦術との相似性である。先述したように彼らはさまざまな言語表現や身体表現を駆使し、聴衆に討論の場への参加を事実上求めることによって「同意をゆるやかに強制していく」と、好井は述べていた。隠喩という修辞法もこれとよく似てはいないだろうか。隠喩とは使い手の意図が受け手である読者に対して確定的に伝えられるというコミュニケーション技法ではない。読者もまた言葉の意味の生成への参加を要請されるのである。しかもそれは強引な参加要請ではなく、まさしく〝ゆるやかな〟強制にほかならないのである。もちろん使用した「方法」は全く別物ではあるが、興味深い相似形ではあった。

そしてもう一つは、さきほどの廣松渉による哲学の文体への指摘である。哲学の文体が特殊にならざるをえないことのより根本的な理由について、彼は次のように語った。

哲学のとっつきにくさ、六ヶ敷さは、しかし、言葉そのものの問題ではなく、根本的には、それが普通には自明の理とされている事柄をことごとしく掘り返し、往々にして通念に異を唱えること、通念的ヒュポダイム(6)を批判すること、この学問的特性に由来する次第なのです。（廣松1988　9頁）

先述したように、哲学研究の文体的特徴は意味のズレの意識的な駆使にあると廣松は語っていた。だがその根本には「普通には自明の理とされている事柄をことごとしく掘り返」す作業があるのだという。つまり哲学では「自明の理」といい、エスノメソドロジーでは「自明の方法」と呼ぶ違いはあるものの、日常のなかに埋もれてしまっている「自明」性をあえて対象にするところに両者の共通性があることになる。エスノメソドロジー論文が常に文章上の技巧性に富んでいるとは言い切れないかも知れない。しかし少なくともこの好井論文に関する限り、文体技法の背景に自明性を巡る問題設定があったという推察は可能かと考えられる。

以上にみたような読みほどき方にどこまで普遍性を認められるか、一概に言い切れないかも知れない。しかし論文の「方法」を根底的に明らかにしようとする試みにおいては、文体をめぐる分析にまでまなざしが及ばなければなるまいと私は確信している次第である。

結：エスノメソドロジーの可能性、そして論文批評へ

率直に明かせば、私はエスノメソドロジーに関して全くの門外漢である。これからさきもオーソドックスなエスノメソドロジー論文を書く機会などあるとは思えない。ただ何よりも最初に断っておきたいのは、私はこの好井論文を非常に優れた、説得力あるものとして受け止めたという実感である。本稿はその実感がよってくる所以の解明を目指したものであり、その一部についておおよそは示しえたと考えている。その一つは、Ⅰで主題にしたような、いわば一字一句をゆるがせにしない、けれども全体の文脈からその意味を読み取ろうとする姿勢である。そしてもう一つはⅢで閉ざされた実験室とたとえたような、厳格な条件のもとにおける分析である。その二つの前提に可能な限り忠実にしたがうことで、好井論文は高い質を達成しえた。そしてエスノメソドロジーの可能性もまた同様であると期待したい。だが同時に、厳格な観察条件はときとして諸刃の剣にもなるであろう。上述したように好井はすでにそのことに気づいていた。エスノメソドロジーを縛る枠組みは、人びとの日常一般に対してはどこまで有効性をもちうるのだろうか。その検討はエスノメソドロジストのみならず、フィールドワークという学術研究の方法にたずさわる研究者全体に与えられた課題でなければならない。

さて再び、「序」で表明した学術的著作に対する批評への適用可能性について述べておきたい。ある一定の前提のもとでは、一般的にエスノメソドロジーの分析方法はきわめて高い可能性をもつ。そして書評・論文批評という学術的作業はその前提を十分にみたしていると、私は考えている。まず学術書（論文を含んで）を書くという行為は、まさに広く相互行為の範疇に属するはずだ。

たしかに学術的著作自体に、〈いま‐ここ〉は言葉どおりには存在しない。しかし視野をすこしだけ広げてみれば、その相手にあたるものはいくらでも存在する。最初の説得相手は自分自身である。自分自身で納得できる論旨が構成できなければ、筆は全く進んでいかない。また日頃の論敵がいるならば、気持ちの中でひそかに、この文章で相手を論破できるかどうかの仮想討論をしているはずだ。さらにずっと外側にはそのテーマ以外の研究者やときには専門外の読者を想定することもあろう。すなわち「序」であげた「人びとの相互的な行為を対象とし」というエスノメソドロジーの条件の一つはおおかた満たされている。また詳細なトランスクリプトは書物や論文という形ですでに目の前にあるし、〈いま‐ここ〉はその中にこそ存在している。それゆえ個々のエスノメソドロジー論文が直ちに学術批評への役にたつはずはないとしても、エスノメソドロジーが対象に立ち向かい、できるかぎり深く読み込んでいこうとする姿勢と分析フォーマットには大いに学ばなければならないと考えている。(7)

注

(1) エスノメソドロジストたちはやむをえずエスノメソッドを「人びとの方法」などと呼び、「人びと」とは誰のことか、「方法」とは何のためのどのような方法なのか、などについて煩瑣な説明を強いられているのが実情である。

(2) エスノメソドロジーは「いま‐ここ」という表現を好んで使う。しかしこの表現は「その現場に同時進行で立ち会いながら」という事態を直接には意味しない。実見や録音、ビデオ映像などに基づいて作成された、詳細な行動記録や発言録（トランスクリプト）に依拠している。論文という言語表現において直接の素材は、そうした言語化記録にならざるをえない。

（3）「嗜好」というささかこの場にふさわしくない表現をあえて使ったのは、①のほうが「説明としては弱いように思える」（250頁）と言うにとどまってしまっているからである。

（4）トランスクリプトの中から具体的な一例を引いておく。映像を見ていた好井自身が「もっとも驚きあきれた部分」（252頁）として紹介されているところで、男性の一人が女性の一人を名指してフロアに引っ張り出し、その服装などについて露骨に〈からかって〉いる場面である。論文タイトルにある〈さらし〉もこの場面に対応している。

それこそ女らしさを武器にしとるでしょう。男にたいして。で俺らがやぁミニスカートとかなんとか言ったら、やぁーこのやらしいとか言うからさぁ〔場内の笑い〕。結局、そういうのでさぁ、俺らがえらいめにあうということやん〔場内の笑い〕。（255頁）

（5）このくだりにある〈いま‐ここ〉は、討論の当事者にとっては、文字通りの〈いま‐ここ〉にほかならない。しかし注（2）で述べたように、著者である好井にとってそれは文字通りの〈いま‐ここ〉ではありえない。それゆえ好井によって「撤退」と評価された〈いま‐ここ〉は、隠喩のレベルに転移させせられてしまったというべきである。

（6）この概念について廣松は、「当事者たちは不協和を明識しない信念や知識の秩序態、そこでの基幹的発想の枠組み」（廣松1998　5頁）と説明している。

（7）ただ「序」でも述べたように、ほかの視点――たとえば学問をするという営みの中での位置づけだとか意味づけのような――の一切を否定しようというわけでは決してない。

文献

長谷川2008…　長谷川一「隠喩としての人文系学術書」『カレントアウェアネス』296　国立国会図書館　2008年

廣松1988… 廣松渉『新哲学入門』岩波書店（岩波新書）1988年
好井1997… 好井裕明「からかわれ、さらされる『身体』と『論理』——あるディスコース空間にしくまれ、つくられる性差別現象の解読」初出『現代思想』25-2 青土社 1997年 再録1999年『批判的エスノメソドロジーの語り』新曜社 234〜264頁（引用文とページ番号はすべて新曜社版による）
好井1998… 好井裕明「初期エスノメソドロジーの衝撃力」山田富秋・好井裕明編『エスノメソドロジーの想像力』せりか書房 1998年（前記好井1999にも再録）

【付記】本稿は、私が加わっている小さな研究集団「プロジェクトB110」での討議で得られた着想に基づいている。

世界を「捉える」二つの回路

⦿「ものごと」と「できごと」

序…「ものごと」対「できごと」という問い方

この稿は直接には、ある二冊の学術著作を並行的に論じてみようという、読解の試みである。その二冊とは次のものである。

・伊谷純一郎『高崎山のサル』光文社刊（以下、伊谷本─伊谷1954─と略称）(1)
・西田正規『定住革命─遊動と定住の人類史』新曜社刊（以下、西田本─西田1986─と略称）(2)

サルとヒトという、素材を全く別にする二つの著作を一つながりの文章のなかで論じようと目論む以上、本稿の目的が初期サル学における伊谷の画期的な業績であるとか、人類史をめぐる西田の独特の主張を紹介するところにあるわけでないことは、容易に推察してもらえるだろう。それゆえわざわざこのような文章を草することの間接的な意図として、本論が立脚しようとする観点について語っておきたい。少々長くなる。

人は一般に、世界を二通りのありかたを通して捉えようとする。一つは「ものごと」、もう一つは「できごと」である。この二つはそれぞれに異なった世界認識の形式であり、したがって捉え方の形式も異なっている。それゆえ一つの対象を捉えようとするときでも、右の二つのどちらをとるかによって、対象の見え方は全く異なることになる。本稿のむしろ主たる目的は、その違いがたとえば学術的な文章（著書・論文をともに含む）の記述においてどのように現れるかを論じようとすることにある。

では「ものごと」と「できごと」の違いとは何か。単純に語彙形状の違いに着目するならば、「ものごと」のほうは「もの」と「こと」に分解できる――あるいは反対に、「もの」と「こと」は同位の水準にある言葉として並列される――のに対し、「できごと」のほうは同様に分解することができない。さらに「できごと」に対して「できもの」という言葉がないわけではないが、通常は具体的に指示する対象がまるで別である。その意味でも「ものごと」と「できごと」には位相上の大きな違いがあることになる。つまり表題に示した事態をもう少し正確に説明するならば、「ものごと」「できごと」という二つの対立概念がまずあり、その一つ下に、「もの」と「こと」の対立が存在するということになる。だが議論の出発点としては、そのように言葉の表す意味内容そのものの検討に深入りしてしまうよりは、さしあたり具体的な用例について語ったほうがわかりやすいかもしれない。

人は女に生まれるのではない。女になるのだ。（ボーヴォワール1949　11頁。傍点は引用者）

一世を風靡した感のある、シモーヌ・ド・ボーヴォワールの言葉である。女性はあらかじめ定められた性としてそこにあるのではなく、社会的に作られていく存在なのだという、今日のジェンダー論の嚆矢となった命題としてよく知られている。もっともこの考え方に疑いを挟む余地はないのかどうかという点になると、LGBTという略号で語られることの多い、いわゆる性的少数者（レズビアンLesbian、ゲイGay、バイセクシャルBisexual、トランスジェンダーTransgender）の存在が市民権をえつつある現代の状況にあっては、彼女の主張どおりにうなづけない面が少なからずあるのは仕方ない。なぜならこのような性行のほとんど――すくなくとも、多く――は、後天的かつ社会的に獲得・形成させられたというより、いわば生まれながらに備わっていたとみられるからである。

本稿の目的はジェンダーの問題を論じるところにはないのだが、ボーヴォワールの話をもう少し続けなければならない。彼女の発言がきわめて強い説得力を持ち得たのは、その言明の真実性もさりながら、そのときに駆使された効果的なレトリック――当然、意識的な戦略であったと考えてよいだろう――にあったといってよいのではなかろうか。レトリックという概念がともすればたんなる「言葉のあや」とか「文章の修飾法」というレベルで理解されがちなのに対して、本来はギリシア以来の弁論術とか演説技法をさしてきたという歴史的な経緯を、この命題は改めて思い出させてくれる。

といってもこの場合のレトリック構造自体は表面上、「女とは～ではなく、～である」と言い切るにとどまるという、ごく単純なものであった。ただその二つの「〜」の指し示す内容は対照的である。前者の「〜」は「女とは、女という本質をあらかじめ内部に備えた実体である」という命題を内包しているのに対し、後者の「〜」では「女とは社会のなかで、（徐々に）時間をかけて組み立てられてゆく構成体である」という主張を含意している。もうすこし別の言葉で表現するならば、前者はある一定の存在そのものであるのに対し、後者はこれもまた一定の存在だといえば確かにそのとおりではあるのだけれど、それよりも様々なできごとを通過したあと、ようやく実体として現れるにいたった存在だと主張するところに眼目があったのだ。すなわち上記の趣旨に即すならば、前者でいう女性とは一種の「ものごと」であり、後者は「できごと」だということになる。

＊

「ものごと」と「できごと」の間にある右のような根源的相違を認めるという立場にたったとき、世界の見え方がどのように異なるのか、見るべき対象にどのような差異があるのか、そしてとりわけ学術的著述という表現領域においてどのような違いとなって現れることになるだろうか。

いわゆる経験科学に属する学術的な研究とは、研究する対象を明瞭に認知するところから始めなければならない。どんな場合でも、そこがあらためて言挙げする必要もないほど当然の出発点でなければならないのはいうまでもない。

それでは対象を明瞭に認知しているという事実それ自体は、普通どんな言葉で表象されているか。ここで考えているのは、論文を構成する用語だとか概念だとかいった学術的な範疇の言葉ではなく、地の文章を記述するにあたって使用される最も素朴なレベルの言葉である。すでに表明しているように、私はここで「もの」と「こと」、「できごと」という三つの言葉に注目してみたのである。

多くの場合認知しようとする対象は、「もの」あるいは「こと」として捉えられるのが普通である。その事実は国語辞典や百科事典あるいはさまざまな専門辞典類などを少し参照すれば、直ちに納得できるであろう。大部分の語彙や項目の定義記述は「〜であるもの」とか「〜すること／〜であること」とか、それに準じる形式——とくに「もの」については、同類語等で言いかえることのほうが一般的である——で表記されるのが普通である。なぜそうなのかと考えてみると、「もの」についていえばそれは形をもち目に見ることができるか、すくなくとも我々の五感によって存在を感知できる対象であることによるからであろう。いっぽう「こと」もまた存在を認知できる対象であるには違いないが、五感をとおすというよりは経験、認識、想像などより抽象的な範疇で語られる対象である。

それにもかかわらず「もの」と「こと」との関係はかなり錯綜しているといわなければならない。たとえば「こと」の項を代表的な日本語辞典で二つほどあたってみると、つぎのように記述されている。

◆意識・思考の対象のうち、具象的・空間的でなく、抽象的に考えられるもの。（『広辞苑』）
◆「もの」が一般に具象性をもつのに対して、思考・意識の対象となるものや、現象・行為・

性質など抽象的なものをさす語。（『大辞泉』）

これらの説明の仕方はまことに興味深い。第一に、「こと」は何かある「こと」としてではなく、何かある「もの」として指示されてしまっている。第二に、「もの」は具象的・空間的であると一旦はされていながらも、とどのつまり「抽象的に考えられる」ものへとたどりついてしまう回路も示されている。私たちは通常、「もの」と「こと」の違いを具象・抽象という差異として了解しているつもりでありながら、その違いをいざ言葉で表現しようとすると、とたんにこのような混乱に陥ってしまうのだ。

ところがいっぽうで、通常の文章のなかでは「もの」よりも「こと」が使われる場合のほうが圧倒的に多い。たとえば本稿の素材の一つである西田本のごく一部を参照するだけでも、その事実を了解できるであろう。

よく言われるように、移動することは、歩くことのできない病弱者にとっては困難なことであり、生存のチャンスを減少させることもあるだろう。しかし、生態学的な視点に立って言えば、病弱個体が存在することは環境汚染の明らかな兆候とみることもでき、その個体を捨て去ることで、健康で活動的な集団を維持することにもなる。病弱者を見捨てることが、たとえどれほど酷であったとしても、人類もまた生態学的な原理のなかでしか存在しえないことは認めなければならない。（西田本24〜25頁）

このわずかな引用文において、「こと」は一〇ヶ所にもわたって使用されているのである。それに対して「もの」の使用は「こと」にくらべて、西田本全体においておそらく一〇分の一にもみたないだろう。それくらいの大きなかたよりは、私自身の文章を思い返しても同様な印象を持てそうである。そのうえ「もの」と表現された対象のうちのいくつかは「こと」で言いかえてもおかしくない場合がすくなくないし、もちろん時として反対のこともありうる。

「もの」と「こと」の違いについていまこれ以上踏み込む必要もないだろう。具象・抽象いずれにせよ、それが指示する輪郭が明瞭で、的確に対象を把握しうる語として二つの言葉があることを確認しておけばよい。だからこそ「ものごと」という合成語が生まれるのである。

それに対して「できごと」はまったく性格が異なる言葉である。先述したように、なによりもまず「できごと」は「でき」と「こと」に分解できない。「こと」が「できる／できた」という事態がまずあり、その「できた・こと」――という「もの」――を「できごと」と称しているにすぎないのである。きわめておおざっぱな比喩を用いるならば、「もの」は写真にとることができるが、「できごと」は一定の言語をもって記述するしかない。そして当然のことながら、写真は見るものの主観から独立した部分がかなり大きいが、記述はほとんど書いている人物の筆力だけにしかたよるものがない。「できごと」を記述する行為には、原理的に客観性の保証がないのである。

すなわち「できごと」は分離できない一つの言葉である。それは「できた（＝起こった）こと」

と過去もしくは過去完了形で捉えてもよいし、「でき（＝起こり）つつあること」のように現在進行形で捉えることもできる。過去の「できごと」が記憶なり想起なりの心的作用を介して捉えられているにすぎないとしたら、ほんとうにそのできごとがあったのかどうかは確定的に語れていないことになる。あるいは歴史は過去の「できごと」について語っているのだから個人の心的作用は介在していないではないかと反論されるかも知れないが、その場合の「できごと」とはさまざまな資料をつきあわせて組み立てられた過去の像にすぎないのだから、これまた確定的なものごととはいえない。実際、一つの歴史的なできごとに関して、いくつものできごと像が提唱されて論争の種になるのが、歴史学研究の常なのである。いっぽう現在進行形の場合はなおさら不安定である。

民俗学という学問が科学的であることをめざすようになったとき、定義の問題がやかましく言挙げされるようになった。その際の定義の形式が多くの場合、「ものごと」を記述する方向に向かっていったのは当然であった。

以上の概略的な検討を問題意識の起点として、いよいよ本来の議論にとりかかることにする。くりかえしになるが、本稿はたんに二著作の内容を紹介することを目的としているわけではなく、真野自身による両著者の思考方法読解の試みである。もちろん内容紹介を無視して叙述をすすめるわけにもいかない。そこでこれら二冊がとりあげている主題をさしあたって簡単に紹介しておきたい。

伊谷がとりあげた高崎山とは、九州大分県の別府湾を見おろす小さな独立峰である。西麓には別府の町がせまっているものの、山中に自然状態のサルが生息していることで知られていた。京都大学理学部霊長類学グループがこの山でサルの生態調査を開始したのは一九五〇年四月のことである。伊谷純一郎はこのときまだ二三才の大学院生であった。したがってこの調査は伊谷単独のものでなく、京大霊長類学グループが全面的にかかわる総合的プロジェクトの一環であった。しかし最初のアプローチからはじまって数次にわたる調査に継続的にかかわっていたのは、伊谷をおいてほかにはいなかったようである。

かくして本書には調査の成果がほぼ時系列に即して記述されている。すなわち群れへの接近、季節の推移にともなう食性と生態の変化、サルどうしのコミュニケーションとサル社会の秩序、群れの全貌の把握、個体の識別、そして群れの（社会的）構造の発見などが順をおって詳述される。最終局面の一つ手前で大きな変化があった。当時の大分市長の発案により、サルの餌付けが試みられ、成功したのである。これによって調査の質が大きく変わったことは後述する。ともあれ本書の内容を一言でいってしまえば、これはサルの群れへのフィールドワークにもとづく民族誌にほかならないのである。そしてこの民族誌としての性格規定は、本書の読解にとって小さからぬ意味をもっている。

いっぽう西田の著作は論文集として編集された。ここには折に触れてさまざまな媒体に発表された生態人類学分野に属する、個別論文八本と書き下ろし論文二本の計一〇本が収録されている。その時々の課題や求めに応じて書かれたものなので、緻密な構成はかならずしも備えていない。

ただ一貫したテーマは表題から推察できるように、人類の生活スタイルとしての遊動と定住である。

西田が設定したこのテーマについて、もう少し付け加えておこう。普通、定住に対しては非定住という言葉が使われることのほうが多いと思われる。しかし西田はここで「非定住」ではなく、「遊動」という言葉をあえて選択した。「遊動という言葉は、遊牧の『牧』を『動』にかえて作られた言葉であり、霊長類学や生態人類学の分野では広く使われている」（西田本63頁）のだという。いっぽう定住については「ごく大まかに、数家族からなる集団が、少なくとも一年以上にわたって一ヶ所の根拠地（=村）を継続的に維持し、季節の変化に応じたさまざまな活動のほとんどを、村から通える範囲内でおこなっている生活を考えておけば十分である」（西田本18頁）というにとどめた。

以上二つの言明からいくつかのことが読み取れよう。

① 遊動は、西田が関与してきた生態人類学でごく一般的に使用される語であるという。だから耳慣れた語をここで素直に使用したと単純に考えてよいのかもしれない。しかしもう一歩深く考えてみることもできるだろう。「非定住」という語はあくまで「定住」から派生した対義語にすぎない。するとそのように表現した時点で、すでに基点は「定住」のほうにおかれてしまうことになるはずだ。ところが西田は本書の表題にあるように、定住を人類史における「革命」であると捉えようとした。つまり定住という生活スタイルをできるかぎり相対化するために、西田はそれとまったく切り離された形式の語を必要としたのである。

② 遊動は遊牧の変異語であるという。そこから遊動とは、たとえば放浪や遍歴などと言いかえることができるような、つまりこれといった目的を持たない単なる移動生活とは異なる範疇にある言葉だということがわかる。すなわち遊動とは生産や生活のためという基盤的な理由や事情――もっとも観察者の側からは、それが必ずしも明確に見えないこともあるらしいが――にともなう生活スタイルをさしている。

③ 西田の視野にある遊動とは、家族や群といった集団によってなされる移動型の生存様式をさしているのであって、個体単独で行われるものをさしてはいないようである。少なくとも現代の会社における営業社員の長期出張行動などは、それがどれほど長期にわたり、かつ多くの土地を転々としたとしても明らかに含まれることはないであろう。もっとも西田の発想の基盤はあくまで霊長類学や生態人類学にあるのだから、一時的に群から離れて単独で生きているサルの個体だとか、ジプシーのような――人類史的とはいいがたい時代の――移動性の社会集団までも一切排除されてしまうのかどうなのか、現時点で私には判断できない。

定住と遊動を上のように位置づけたところで、西田はつぎのように問題を設定した。「人類はなぜ定住するに至ったのか」である。霊長類が地球上に現れてから数千万年の時間が経過した。その中から人類と呼ぶにたる動物が生まれてからでも、数百万年が過ぎた。人類にとってその時間のほとんどは遊動という生存スタイルで費やされており、定住というスタイルに移行したのはわずか一万年程度にすぎない。それ以前の数百万年間におよぶ遊動生活において人類が獲得した生存のためのノウハウは、かなり高い完成度に至ったであろう。いうなれば人類はひたすら定住を目指して進化してきたわけではない。そう考えるならば、人類の定住生活への移行は「なぜ」と問うにふさわしい革命的なできごとだったと見なすことができる。そして定住が遊動に比して絶対的な優越性をもつという前提をはずしてしまったとき、この移行のために人類は多くのものごとを獲得しなければならなかったであろうが、それは反対に多くの何かを捨てることでもあったはずだ。人類が経験した二つの生活スタイルを徹底的に相対化した場合、この革命的とさえいうべき移行からどんなことが読み取れるのか。西田の初発の問題設定はそんなふうに理解することができるであろう。

西田本の内容をあえて分類するならば、遊動と定住の関係を巡る理論的な考察、定住社会の生活にかかわる民族誌的叙述、動物からヒトへと進化する人類の生物および社会としての特徴に関する理論的叙述、の三部からなっている。じつをいえば私が本稿で集中的に分析を試みようとしているのはその最初のテーマである。本書の章立てでいえば、「第一章　定住革命」「第二章　遊動と定住の人類史」「第三章　狩猟民の人類史」がそれに相当する。内容の要約はここではしないが、分析の過程で、必要に応じて述べていくことになるであろう。

さてこれら二つの本の内容は面白いことに――選択した本のとりあわせによる偶然にすぎなかったのだが――、絶妙につながっていく。高崎山のサルたちは伊谷のことばを借りれば「遊牧」していた。そしてヒトは遊牧――西田のことばに正確にしたがえば「遊動」――から定住へと、生存のスタイルを変えたのだった。そしてさらに面白いことには、サルたちは、ある限られた局面とはいうものの、定住に通じかねない生活スタイルをも獲得した。もちろんそれはもっぱらヒトの都合や欲望によるものであり、けっして自分たち自身の意志や必然によったわけではなかった。それゆえ、何よりも永続的かつ安定的なものではなかった。とはいうものの伊谷の論旨の展開のうえで、この段階は重要な意味をもつ。そのことは本文のなかでくわしく論じたい。

I…伊谷によるフィールドワーク

伊谷がこの本で語ったことはつぎの四点に要約される。

①群れの行動パターン
　サルの群れの行動範囲、季節によって、あるいはその時々によって異なる餌場やねぐらの場所、移動のルートなど
②群れの輪郭
　群れの数、群れの大きさ、群れの構成員など
③個体間のコミュニケーション
　危険を回避するための行動、トラブルの予防法など
④群れの構造
　構成員間の秩序を維持するための行動

サルたちはのべつ餌を食う。そのほかにすることがないから、当然だ。それゆえ、餌がある場

所を求めてひたすら移動する。しかし夜になれば、眠らなければならない。そのためにねぐらを探し、また移動を行う。ねぐらの場所は毎晩定まっているわけではないのだ。そこで伊谷がまず最初に挑んだのは、かれらの移動の範囲と経路をみつけること、そして移動を支配する原則をみつけることであった。この目的のためになさなければいけないことは、もちろん群を全力で追いかけることであった。この段階での伊谷の情熱と体力とには感服するばかりである。そればかりでなく、サルが発するあらゆる情報をキャッチすべく、目をこらし、耳をすます。そして群れを追いながら（おそらくは）克明なノートまでとったのだった。

ノートは伊谷の目に映ったことばかりでなく、鳴き声も重要な要素として記録される。伊谷ははっきり聞き分けることのできた音声三〇種ほどを発見し、おおまかに四種にわけた。伊谷はその四種をおのおののもつ「感情の色あい」（伊谷本１０５頁）から次のように説明する。①防御的であり後退的な、たとえば悲鳴に類するもの、②攻撃的なもの、③緊張感をもった非常警声といったもの、④一般に激しさという要素を欠き、もっとも平静で、もっとも変化に富んだ一群、である。なぜ音声なのかといえば、

群れ全体を、一視野のうちに目でとらえることが、ほとんど不可能に近いのに、群れを耳でとらえることはできるのだ。（伊谷本99頁）

というのが主たる契機であった。つまり山の木々にさえぎられて群全体どころか、個体を直視す

ることもままならない環境において、音声はそれらの妨害物をこえて向こうから聞こえてくるからなのだ。人間相手のフィールドワークにおいて音声＝ことばが重要なのはいうまでもないが、ことばをとおした意思確認や意思疎通ができない相手に対しても音声が有効だというのは含蓄深いものがある。

しかしこの本で伊谷が明らかにしえた諸事実についての要約は最小限にとどめる。それよりもいまここで触れておきたいのは、以上の内容と本書の構成との対応関係である。

ここでいちおう本書の章タイトルをあげておく。サブタイトルにあるように記述はほぼ時系列にしたがっている。ただこのタイトルだけでは内容の想像がつく程度に止まらざるをえないだろうから、先に示したように記述内容を題目としてまとめてみた次第である。

はじめに
第一章　群れへの接近——第一回調査
第二章　群れの一角をえぐる——第二回調査
第三章　浮かびあがった群れの全貌——第三回調査
第四章　個体識別の段階へ——第四回調査とその後
第五章　群れ社会の構造——第五回調査

おおまかにいえば、さきの四点のうち、①〜③は主に一章〜四章であつかわれ、五章では③と

④が主題化されるといってよい。分量配分からいえば①〜③の記述が圧倒的に多いのだが、伊谷自身が最終的にたどりつきたいともくろんだのは④だといってよいだろう。そこで私は、伊谷がどのようにして④の記述にたどりついたか、ということに焦点をあてて読み解いていきたい。

伊谷は、まず群れに秩序というものがあるのかどうか、という問題を解こうとした。そこでたとえば群れのなかにみずからとびこんで攪乱をひきおこしたらどうなるかという、ささやかな実験を試みている。

あるとき、比較的開けた場所で——つまりサルがどんな行動をとっているのかを、比較的観察しやすい場所で——彼らの群に遭遇した。群の最後尾から一〇〇メートルほど離れていた伊谷は、その距離を全力で走り群の中に飛び込んでいった。当然彼らは大混乱に陥り、追いつかれまいと必死に逃げていくサル、ブッシュの中に飛び込んで行くサルと、退避行動はさまざまだった。藪の中はしばらくの間無秩序な鳴き声で満たされていたが、ほどなく数匹のサルによる強い鳴き声が発せられたのをきっかけに、無秩序な鳴き声は次第におさまっていった。それからもしばらくは伊谷の群を脅かすふりをした行動とサルたちの鳴き声とのやりとりが続いたのだが、その騒ぎもやがておさまった。ただ気がついてみると、伊谷自身が一匹の巨大なサルに見張られていた。彼は単身群を離れて伊谷を追ってきたらしい。そして伊谷に対して有利な足場に身をおき、あたかもすべてのサルたちの怒りをこめたように、身構えていた。しかし彼もそこで長居をせず、伊谷を振り返りそれ以上の危険はないことをたしかめるように、悠然と森のなかに消えていったという（伊谷本141〜149頁）。

最後の場面で表れたサルが何者だったか、この段階で伊谷は確認できなかったようである。あるいは群を率いるリーダーだったのかもしれないが、その点について何も考察らしい記述はない。また大混乱の極致にある無秩序なパニック状態が、数頭のサルたちの鳴き声によって次第におさまっていったという記述も興味深いが、そのことについても考察はなされていない。つまりこの実験によって、サルの群に一定の構造があるのかどうか——読み手である我々が勝手な想像をすることができたにしても——伊谷自身には確認できなかったことになる。それも無理はないだろう。イワシやサンマの群れにおいてさえ、そこに海洋性の哺乳類や大型の魚類がとびこめば、ほぼ同様のことはおこるからだ。そんなとき、私たちは小魚の群れが秩序を保とうとする自律的な運動性をもっているとはいっても、構造をもっているとはいわないだろうからである。

とはいえ伊谷らがサルの群れにおける構造の存在を確信していたことは疑いない。それは騒ぎが収束する過程についての観察、つまり彼らを沈静化させるきっかけになったと伊谷が判断した特定の秩序ある鳴き声だとか、最後に目撃した威厳あるサルの姿などに関する——ある種の畏敬をこめた——記述など以前からのものであったことは間違いない。なぜなら「われわれ人間をのぞいては、日本に棲む唯一の霊長目の動物であるニホンザルの生活を究めたい」（伊谷本21頁）というのがこの研究の動機であり、またそれを「社会生態学的な研究」（伊谷本21頁）と銘打った以上、まったく白紙の状態でこの研究に臨んだはずはないからである。それゆえ伊谷のこの実験自体も、その結果に関する詳細な記述も、そうした前提に立っていたからこそと考えなければならない。

さてじつをいえば伊谷が最初に構造の手がかりにであったのはもう少し前、調査がはじまって四日目に「見張りのサル」と遭遇した時であった。伊谷がサルの群れをおって尾根をのぼっていったとき、灌木の上にそれはいた。「一匹の大きなサル」が「わたしたちの動きを、じっと観察していた」という。そしてするどい歯切れのよい声で三声つづけると、「この声と同時に、こちらに背をむけて、新芽を食べていた中ぐらいのサルは、かすれたような〈シュリー〉という声をあげて、あわてて下のしげみの中にとびこんで見えなくなった」（以上、伊谷本35頁）。伊谷はこの一連のできごとから、あきらかに危機を管理する役割の存在と、サルどうしのコミュニケーションをみてとったのである。すなわちコミュニケーションとは、自分たちの集団に構造を組みたてていくための最初のツールにほかならないといえるのだ。

こんな場面からはじまり、さまざまな曲折を経て調査は着実に深まっていった。群の個体数を数えたところ少なくとも一六六頭は確認できたこと、群を細分するサブ・グループのないこと、同じ大きさのもの同士が集まりあう強い傾向のあること、一匹一匹のあいだには順位制ともいうべき協定があること、食餌の際には個体のそれぞれが一本の木を占有したり、数匹で木に群がる場合にも一定の秩序があること、など数々の事実が明らかになってきた。

そしてついに四年目の一九五三年の春から初夏にかけて、調査は群の詳細な構造を発見する段階にまで到達した。サルたちのための餌場が設けられ、餌付けに成功したのである。といってもこれは京都大学のグループによってではなく、大分市が実現させたものであった[3]。そうはいうもののの、このことが伊谷らの研究に極めて多くの知見をもたらしたことは間違いない。それが第五章でくわしく語られる。

この餌場で得られた知見のなかで最も重要だったのは、サルたちの間で了解されている順位制の詳細であろう。それを確認する方法は単純である。餌場のなかで、比較的接近してすわっている二匹のサルのちょうど中間に餌を投げてやるだけのことである。すると二匹の間では争いが起こることなしに、一匹がそれをとる。これが食べ終わるのをみて二つ目を投げる。また同じサルがそれをとる。こうして投げられた餌をとったほうが上位、おとなしくそれを譲ったほうが下位と判断できる。このテストを繰り返すことによって、少なくとも上位数十匹のサルの順位を確定することができた。またそのほかの行動を勘案することによって、この群にはボスといいうる六匹、ボス見習いともいえる一〇匹のグループ、その下に若者組や少年組に相当するグループ、オトナのメス、ムスメメス、少女のメス、その他のアカンボたちといくつかの階層に分かれることなども確認できた。とりわけオスたちはかなり厳格な階級社会を構成しているのである。

＊

六年にわたったという高崎山サル群の調査から得られた知見は、本稿程度の短文では本当にわずかな一部分をかすめているにすぎない。とりわけ日本サル学の最初期の著作として、いまもその価値は少しも衰えていないと思われる。それゆえこの本の読み方には、いろいろなものがあるはずだ。しかし本稿における私の読み方はサル学の書としてではない。人間の文化に近似した生態をもちながらも、人間としての言葉の通じない相手＝サルに対するフィールドワークがどんな風におこなわれ、そこからどんな手順で何を抽出しえたのか、という一点にあった。もう少し正確に表現するならば、彼らが採用した調査方法なり分析方法なりの背景に、研究者としてどのような思考方法が隠れていたのかを読み取ること、それはサル学としてではなくフィールドワークの学問としてどのように普遍化できるのかということを考えてみるところにあった。伊谷本と同時に西田本をあわせてとりあげたのは、両者を対照させることによって、その点がよりいっそうはっきり見えてくるだろうという感触をもったからである。

その論点はあとで順次ふれていくもくろみである。いまはさしあたりきわめて単純な、しかも端的な一つの事実だけを指摘しておくにとどめる。

伊谷が群れを必死に追いかけて山中を徘徊していたとき、群れには「構造」のかすかな気配はあったものの、それがどのような姿をしているかを捉えることはついにできなかった。それが悪戦苦闘の経験をへたうえで、食餌行動の変化が可能にしてくれた近距離からの観察環境の獲得、さらには人為的に作り出された観察のためのステージ設営と、段階をおって構造の把握は深化していった。つまるところ、はげしく運動を続ける対象からはついに構造の把握は不可能だったということを意味している。それは考えてみればあたりまえのことである。構造を把握するということは、いうなれば構造図を描くことにほかならない。構造図とはこれまたいうなれば静止した図面のことであるから、その構造体の運動そのものは構造図に盛り込みえないのである。

Ⅱ…西田による思考実験

さてもう一方の西田本に移ろう。この本全体の狙いは人間の生活を生態という観点から捉えようとするところにある。ある部分では村と呼ばれる程度の小さな社会における生態が描かれるが、真意としてはもっと大きなスケールでの生態、つまり人類とかヒトと呼ばなければならないほどの大きな視点での生態に関する理解に置かれた。それを端的にいうならば、ヒトはなぜ定住生活を送っているのか、送るようになったのかという、人類進化史的問いである。人類は出現初期の段階で森林における樹上生活を捨て、ほぼ同時に直立二足歩行をはじめた。当初は食料を獲得するために広い範囲を遊動する生活を強いられていた。この生活様式は数百万年間続いたと考えられる。しかしおよそ一万年ほど前になると、人類はなぜか定住生活を始めるようになった。つまり今日の私たちがいささかも不思議に思うことのない定住的な生活様式は、百万年単位の人類史のなかでわずか一万年ほどの時間しか占めていないことになる。

この画期的な変化はなぜ起こったのか。西田は次のように考えた。人類はヒト以前の遠い先祖からホモ・サピエンスまで、極めて長い時間をかけて進化してきた。とすればこの間に人類が獲得してきた肉体的、心理的、社会的能力や行動様式は、数百万年にわたる遊動生活にこそ適したものであったと考えることができる。とすれば、定住生活は、むしろ遊動生活を維持することが破綻した結果として出現したのだとする視点が成立するのではないか、というのが西田の到達した仮説であった。

もちろんその仮説は、たんに経過した時間の差だけから導き出されたわけではない。遊動と定住を相対化しようとする以上、それぞれに利点もあり欠点もあるはずである。われわれはともすれば定住の利点だけに目が向きがちであるが、西田は反対に遊動の利点に目を向けた。それは次のように多岐にわたる（西田本22〜23頁）。

1. 安全性・快適性の維持
a 風雨や洪水、寒冷、酷暑をさけるため。
b ゴミや排泄物の蓄積から逃れるため。
2. 経済的側面
a 食料、水、原材料を得るため。
b 交易をするため。
c 共同狩猟のため。
3. 社会的側面
a キャンプ成員間の不和の解消。
b 他の集団との緊張から逃れるため。
c 儀礼、行事をおこなうため。
d 情報の交換
4. 生理的側面
a 肉体的、心理的能力に適度の負担をかける。
5. 観念的側面
a 死あるいは死体からの逃避。
b 災いからの逃避。

以上の一二項目はあくまで観念的に想定された利点であるといってよい。総体として、現代に生きる我々にとって実感として許容できる範囲内におさまっているとはいえそうである。けれども仮にどこかの社会集団や地域社会で一つひとつのすべてにわたって具体的に検証するとなったならば、おそらくそれは不可能だろう。したがって現代の我々に実感としてせまってきてしまうというところこそが、観念の産物だといえるのかも知れない。そして反対に、実地のフィールドワークに厳密に即した結果ならば、これ以外の利点がいくつも指摘される可能性もあるだろう。また何よりも上述したように単に並列するだけでなしに、なんらかの序列なり価値付け方向への相違点がなければならないはずだ。それでもなお、再度いっておかなければならないことは、読者たるわれわれの実感に許容性をもってうけとめられる諸条件が（おそらくさほどの過不足なく）列挙されているという点である。ただもう一つ、この仮説がたてられるためには西田の日常感覚だけでなく、現実社会における彼のフィールドワーク経験が不可欠の根拠になっているに違いないということだけは、いい添えておく必要がある。

そのうえでこの本について考えるべきことを挙げるとしたら、どんなことがあるのだろうか。さしあたり二つほど考えてみる。一つはこの本が明らかにしたこととはそもそもいったいなんだったのかという点、もう一つは西田にとってフィールドとはどこにあったのかという点である。

二つ目のことをさきに考えてみよう。西田は少なくともこの本のここまでの記述で、現実のフィールドにほとんど関心を示さない。伊谷が徹頭徹尾フィールドに熱中し、対象の具体的な行動を観察することによって思考を積み重ねていったのと、よい対照をなしている。上述した西田のような問題意識にたつ以上、伊谷が選んだような対象に肉薄するフィールドワークという方法はとられない。というよりそのような方法はいうまでもなく不可能であった。ただ議論を演繹的に進めていくために、フィールドワーク上の知見が利用されることは随所でなされている。今日この地球上で生活している人間たちの具体的な生活方法や、考古学遺跡の発掘データから推測される過去の人間たちの方法は、推論のための重要な手がかりになるからである。けれども西田がみていたのは実在する人間そのものではなく、「人類」というきわめて抽象的な存在である。[4] けっして――伊谷にとって最終的な目標になったような――個性などという具体性はもちろんのこと、目に映りときには手触りを感じることもできる肉体すらも持とうとはしない。徹頭徹尾「人類」としかいいようのない概念で押し通そうとする。なによりも私たちがなじんできた歴史とは「人間」がつくりだすものであって、「人類」とは無縁のものだ。だからこの本の題名に「人類史」とあったからといって、そこで描かれたものが歴史学的意味での「歴史」にはけっしてならないだろうということは承知しておいたほうがよい。

そのうえで西田があきらかにしたこととはいったい何だったのだろう。むかしむかし移動生活を送っていた人類が、あるとき定住を主体とする生活スタイルを獲得したということなのか？　それが西田の主張だとしたら、あまりにもバカげている。あるいは人類の本来は遊動生活にあるのだとあらためて主張したいのか？　しかしそれも同様にバカバカしい。いくら人類史の圧倒的大部分が遊動にあったとしても、現に人類はそれを捨ててしまったという事実から逃れられるはずもない。そう考えてみると、いったいこの本は学問の名に値するような何かを語ったのか、ということさえ疑わしくなってくる。結論の正しさは、本書の論述を待つまでもなく、すでに今日わたしたちの眼前にある事実として証明されてしまっているのだから(5)。

しかしそのように考えるのは、本書からうける印象とはかなりずれることになるだろう。だとすれば、一定の反証可能性(6)をそなえた言説としてこの本を読む道筋を探さなければなるまい。

本書のタイトルともなっている第一章(7)で、西田はつぎのように述べている。これを「命題A」としよう。

【命題A】(人類の)定住生活は、むしろ遊動生活を維持することが破綻した結果として出現したのだ、……(8)。(西田本17頁)

この命題こそが、西田の主張の根幹をなしているのは明らかである。そこで考えてみよう。この命題は学問上の問いとして、果たしてどのような意味をもちうるだろうか。

西田はこの命題にさきだって、つぎのようにも述べている。

定住化の過程について、それを支えた経済的基盤は何であったのかとのみ問う発想の背景には、遊動生活者が遊動するのは、定住生活の維持に十分な経済力を持たないからであり、だから定住できなかったのだ、という見方が隠されている。すなわちここには、遊動生活者が

定住生活を望むのは、あたかも当然であるかのような思い込みが潜んでいるのである。（西田本16〜17頁）

すなわち西田の認識によれば、従来の人類史研究は二つの隠された命題の上に築かれてきたという。

【命題a】かつて遊動生活を送っていたある種の動物（すなわちヒト）は、当然のこととして――いわば人類的規模において――定住生活を望んでいた。

さらにこれまでの研究者は、命題aを承認したうえで、

【命題b】定住が可能になるは十分な経済力を必要とした。しかもこれがもっとも重要なものであった。

という命題に進んでいった。人類の定住という結果が出ている以上、この命題系列において命題bの正しさ自体もすでに証明されているという主張につながるにちがいない。

西田の命題Aは、上記命題aを否定する一つの表現にほかならない。しかし命題aは、いったい検証可能なものなのだろうか。と考えてみると、その答えは当然のことながら求められるはず

がない。なぜならヒトが何を望んでいたか。それも種（人類）として何を望んでいたのか。そんなことはわかろうはずがない。そもそも生態学や生物学において「種としての望み」などという概念を措定できるのかさえわからない。キリンは首を長くしたいと望んだのか。ゾウは鼻が長くあらんことを果たして願っていたのか。すくなくとも現行の進化論は、そうした「種としての望み」という概念など入る余地がない。つまり証明も反証もしようのない命題を問いとしてたててみたところで、そこに答えなどありようはずはないではないか。

すべからく学問を論じようとするにあたって、完全中立かつ純粋無垢の仮説設定などありえない。いかなる仮説であれ、その提唱者は一定の立場に立たざるをえない。その立場に立っていることが十分に意識されていれば、その後の議論展開は比較的見えやすいだろう。しかし往々、その「立場」なるものは当の提唱者にとってさえ無意識的であることが少なくないのである。誰にとってもそこに一定の立場があることに気づいていない場合、議論はやがて行き詰まり枝葉末節の批判合戦という不毛な結果におちいるか、だれからも忘れられて自然消滅していく。先の引用で西田が指摘したのは、学説には必ず隠れた前提＝立場というものがあるということであり、人類史の場合には「（人類が共有する）定住への願望」だったという事実にほかならなかったのである。

それでは人類学において隠されたままに共有されてきたと西田が主張する命題aに対して、どのように疑問を呈することができるだろうか。きわめて単純に考えて、ある命題の真偽が判定不能なのだから、その否定命題もまた真偽判定不能、つまり学問的に意味をもたないということになるのだろうか。しかし単純にそうはならないようである。

正確にいえばaは一種の全称命題(9)であるから、その否定はたとえばつぎのような特称命題として語ることが可能だろう。

【命題B】遊動を阻害する何らかの要因（もちろん経済を含んでいてもかまわないのだが）が人類に定住という生活スタイルをもたらした。

ここで全称命題aはすべての条件を考慮しなければならないのに対し、命題Bにおいては「何らかの要因X」を指定することができれば、いわば命題´Bとして証明されたことになる。

【命題´B】事象Xが遊動を阻害する要因となり、人類に定住という生活スタイルをもたらした。

あるいは反対に、指定されたXが実際には要因たりえないことが判明すれば、少なくとも命題´Bは反証されたことになる。つまり命題Bのかたちならば反証可能性が保持される機会が存在することになり、仮説としてなりたつといえる。そして命題Aは、そこから論理的に導かれる系（corollary）にほかならない。

こうして西田は、この命題aを直接に否定するのではなく、その否定命題Bおよびその系たる命題Aを仮説としてたてることになった。命題Aの引用に続く「……という視点が成立する」はたんに西田が依って立つ立場の表明ではなく、これから証明されるべき仮説提示の文言にほかならなかったのである。この戦略的転換は、別の意味でもうまい方法といわなければならない。研究者側に視点を転換させることにより、定住化の原因を人類という主体の外に求めることになった。そしてその場所だったら研究者がともに立つことができそうに思われるからである。

そのうえで西田が対峙しようとしたのは、あきらかに命題Bのほうであった。つまり

【問い】人類を定住という生活スタイルに追い込んでいった要因X（もちろん経済を含んでいたもかまわないのだが）とはどのようなものだったのだろうか。

という問いの発見である。

もちろんそれらもろもろの要因の指摘だけでは、西田の目標にとって不十分であった。なぜなら、数百万年の遊動を可能にしていた諸問題の合理的な処理法にかかわる定住のための手法をも、人類は同時に開発しなければならなかったはずだからである。西田は、前述したように遊動することの機能や動機についてきわめて雄弁（五つの側面、一二の項目におよぶ）[10]にまとめた（西田本22〜23頁）あと、定住の条件を

そうであるなら、当然のこととして、遊動生活者が定住するとなれば、遊動することがはたしていたこれらの機能を、遊動にたよらないで満たすことのできる、新たな手法を持たなく

てはならないのである。（西田本24頁）

と述べた。

ここであげられた一つひとつは、現に定住生活をいとなんでいる我々にも十分に共感できるものであろう。だが問題は、はたしてこれらを定住するための必要条件もしくは十分条件としてあげておいてよいのかということである。もちろん反論としては、たとえば、あえてゴミの充満した家屋のなかで生活する人もしくは人びとが、この世の中には少なからずいるという事実をあげるもできよう。そうすることによって命題は反証されたことになるだろうから、ひとまず反証可能性は確保されたということになる。ただここで反証可能性があるということと、実際に反証しえたということは、注意深く分けなければならない。たしかに好んでゴミ屋敷に住む人は近年のマスメディアでしばしば話題になるし、ゴミと隣り合わせの居住環境（スラム街など）も世界には実在する。しかし「人類」にとってそれは不可欠の条件なのか、という点を論じなければ、西田の命題に反証できたことにはならないだろう。

ここで西田本のタイトルにあった「人類史」という言葉を思い出す必要がある。はたして人間（「個々の」であっても、「集団としての」であってもよいのだが）ではなく、「人類」そのものを論じることなどできるのだろうか。この議論に具体性をもったフィールドが登場しない理由は、ここにある。西田において、具体的な人間の行動の観察は問題にならなかったというほかはない。西田は理念化されたヒトというモデルを作り出し、かれらにシミュレーションをおこなうことによって、命題の正当性を証明しようとした。もちろんシミュレーションにおけるヒトの行動規則は、かれが別におこなっていたフィールドワークから抽出されたものでなければならない。西田はその行動規則を「生存戦略」ということばで表現することがある（西田本55頁）。シミュレーションはまさにゲームであり、思考実験なのである。

Ⅲ…問いを問いとしてたてる方法—「できごと」への注目—

出発点にもどって論点をもう一度整理しておきたい。伊谷がこの著作で解こうとした問いとは、端的に「サルは社会をもつか」、「サルの社会に構造はあるか」ということであった。伊谷はこの答えにむけて精力的かつ綿密なフィールドワークをおこない、そして結論にいたった。本書が求めたものは単純明快に、これまで存在が不確かであったものの発見であったといってよい。だからこの発見にむけて本書の叙述は一瀉千里に進んでいくことができたのである。

では西田が解こうとした問いとはいったい何だったか。先述したように、「ヒトは定住するか」でも「ヒトにとって定住と遊動はどちらが本質的か」でもなかった。これでは問いにならない。なぜなら答えはすでに出てしまっているのだから。いっそ「ヒトはどのように定住したか」という問いだったら、むしろ明快だっただろう。考古学的な証拠をつみかさねていけばよかったのだから。しかしそれは西田の問いではなかった。西田は無謀にもここで「ヒトはなぜ定住したのか」と問うてしまったのである。それは答えが見えにくいばかりではない。この問いははたして問いとしてなりたつのかさえ危ういような問い方だった。ヒトが定住しているという現在の事実はあまりにも自明で、あまりにも根源的な存在様式だからである。それゆえ人類史はヒトの定住を絶対の前提として議論がくみたてられることになった、と西田は批判するのである。そこで西田は、問いが問いとして成り立つのか、答えに至りうるかたちで問いを発することはできるのか、という問題とも格闘せざるをえないことになった。

ではそのようにあらかじめ自明な答えをもつ問いはどうすれば可能になるのだろうか。少々長い例え話の回り道を通って考えを確かめてみたい。

豆腐はどのようにして発明されたのだろうか、というのがその例え話である。

豆腐という食品が、伝統的には豆乳にニガリを添加することによって作られることはよく知られている。磨砕《まさい》した大豆の絞り汁が豆乳であり、そこに含まれるタンパク質がニガリと反応してプリン状に固化したものが豆腐である。

ニガリとは海水中の余剰ミネラル成分を海水塩から分離させた液状のものである。これも通常は精製されていない海水塩を放置しておくと空気中の水分を吸い、液状になってしたたり落ちてくる。いわば食塩の副産物であり、本来は廃棄されるべきものである。そしてあたりまえだが、大豆そのものにニガリを振りかけたところで豆腐が生成されるはずがない。あくまでもういっぽうには、大豆を磨砕し水分を搾り取って採取された豆乳がそこになければならないのである。

したがってここで生じる素朴な疑問は二つある。一つは人類史において、人はなぜ大豆をそのように磨砕し、液状成分を搾り取らなければならなかったのかということ、もう一つは世界で最初の豆腐がこの世に出現したとき、なぜしたたり落ちてくるニガリの下にたまたま豆乳があったのだろうかということである。豆腐という食品の価値とその製法をよく知っている今日の私たちは、その目的のために大豆を磨砕したり、搾って液体成分を抽出したりするという行為になんの疑念もいだかない。しかしまだそれを知らなかったとすれば、大切な固形食料であろう大豆にわざわざ手間をかけてすりつぶしたうえ、食品としては腹のたしになりそうもない液状成分のほうだけを残しておく事情としてどんなことが考えられるのか。またあきらかに余剰廃棄物であるニガリをなぜわざわざ保存しておかなければならなかったのか。そして海の産物であるニガリが、どのようないきさつで陸《おか》の産物である豆乳とであうことになったのか。両者のであいには偶然という説明がたぶんもっとも適切なのだろうが、実際にはどれほどの蓋然性があるのだろうか。それらの納得いく説明がなかなか見つかりそうもない。そのように考えていくと、人類にとって豆腐の発明は、とうてい自然の成り行きのように思われないのである。

ここであげた例話はあくまで思考実験のためのストーリーだから、いささか極端で荒唐無稽である。食品史の観点からはすでに解決ずみかもしれないし、また偶然という説明もそれなりの可能性をもっているのかもしれないが、史実はこの際無視しておく。

ひとつの食品をめぐって、ある観点からは自明のことと見え、別の観点にたてば少なからず説明しがたい不思議として映る。その違いはどこからくるのだろうか。実際、上の問いを解くべき疑問として直截に受け入れてもらうことは、思いのほかむずかしい。豆腐というあまりにありふれた食品の存在自体を相対化し問題としてとらえることに、人は意外の感をいだきこそすれ、なぜと問うてみることが想像の外にあるからだろう。私たちの知識や体験において、豆乳、ニガリ、豆腐という三つのものは一定の関係でしっかりと結びつき、その関係は安定していてもはや動揺することがない。それぞれをそのものとして見るならば、見られたものらは何の不思議もなく居場所をもってしまっている。しかしひとたび疑問をもってしまうと、そのような安定性はどこかに飛んでいってしまう。豆乳もニガリも視野のなかを右往左往するばかりで、いっこうに一つのところに収束していく気配をみせないのである。豆乳とニガリが豆腐という姿をとるまでに、いったいどんなできごとが必要になるのだろうか。豆乳とニガリがそれぞれに体験するいくつものできごとがあり、それらいくつものできごとがたまたま幸運なであいを得てようやく豆腐が出現する。そんな物語を想像するしかないだろう。

いまわたしは「できごと」ということばをつかってみた。それにたいして「目の前にあるあたりまえ」とは、「ものごと」らが作りだしている世界だといえるかもしれない。しかしその「目の前にあるあたりまえ」を一つひとつの「できごと」の連鎖として考えたとき、その連鎖がそう簡単には実現しそうもないことにわたしたちは気づかされてしまうであろう。あることの結果が「あたりまえ」に見えるのは、それらが一連のできごとの結果としてそのようであるということが捨象されて、自明のものごとの集合体でしかないからである。ものごとそれ自体はできごとを内包しない。できごとのように見えたとしても、実際には多くのものごとの積み重ねが——あのパラパラマンガのように——できごとの生起を錯覚させた虚像でしかない。いまある事態を引き起こしたもろもろのできごとは、それぞれが現に起こってしまったことがらであるため、それが現実には起こりにくいということが見えにくくなっている。言いかえればひとかたまりの連鎖全体が一種のブラックボックスになってしまい、あることを生み出すプロセスやプロセスの機序が目に見えない、あるいは見なくてもすんでしまうものだから、あらわれた結果は「あたりまえ」なのである。

ではブラックボックスの中身は、どのようにすれば目に見える状態にすることができるだろうか。その方法は二つある。一つは事実を徹底的に掘り起こすことである。しかしそれが簡単にできるくらいだったら、プロセスはそもそもブラックボックスにならないだろう。だいたいにおいてそのような事実は無前提に見えてくるものではなく、一定の仮説のあとからついてくることのほうが多い。そこで二つ目の方法、つまり仮説を構築することが必要になる。

では仮説自体はどのようにしてたてられるか。そのためには二つの方法が想定される。一つは事例を枚挙的にあげること、二つ目は一定の前提からの演繹的推論である。だが一つ目では論理的に堂々巡りになるばかりだ。なぜならそれは右のパラグラフで述べた、「事実を徹底的に掘り起こすこと」にほかならないのだから。

そこで西田がとったのは二つ目である。演繹的推論とは思考実験と言いかえてもよい。つまりあるモデルの自律的な運動によるシミュレーションを仮想的に行うことによって、求める「できごと」が完成するために何が必要な条件になるかを想定しようとする。ヒトが定住しなかったらどうなっていたか。かれらはなぜ定住しようと考えたのか。定住するためにはどんな問題を解決しなければならなかったか。加えて、定住の契機にはかれらの内部からでてくるもののほか、外部的な要因も考えなければならない。遊動と定住の利益と不利益を天秤にかけながら、西田がシミュレートしなければならない項目は山ほどあった。もちろんそれは本書一冊でかたがつくというものでもないはずだ。しかしかれが試みたシミュレーションの詳細について、もう少し検討を続けてみよう。

Ⅳ…伊谷本と西田本の思考法的布置―「ものごと」と「できごと」のあいだ―

遊動と定住をめぐる西田の思考法とは、以上のごとき仕組みから成り立つものであった。そこでさらに西田の思考実験を、また別の角度から検討してみたい。くりかえしになるが、さきほどあげた五側面一二項目とはまさしく遊動することによって得られる機能であり、したがって遊動するための動機にほかならないのである。したがって定住するためには、列挙された機能や動機を遊動とは別の方法で実現しなければならないのだ。機能や動機とは簡単いえば、役に立っているとかそれを求めている、ということである。西田の考え方にしたがえば、それは決して目に見えるものではないし、目に見える何かで表現できるものでもない。それらはたとえば「風雨や洪水、寒冷、酷暑を避ける」(22頁)こと、「ゴミや排泄物の蓄積から逃れる」(23頁)こと、なのである。つまり西田が証明しようとしているのは、人類が生み出してきた具体的な「ものごと」のあれこれではなく、人類が「してきたこと」、いうなればある種の「できごと」にほかならないということができるのである。

ここでさきの伊谷本との、思考方法上での対照性があらわれてくる。伊谷が求めたものは「構造」であり、西田が求めているのは「事態」なのである。いっぽうは「ものごと」であり、他方は「できごと」であると言いかえることもできる。一方は目に見えるものとして把握できるし、他方はいつもそれができないとはいわないまでも、多くの場合にはむずかしい。ただ「構造」はそれをとらえるために、対象を静止させなければならない。他方の「事態」とはいうなれば、対象が動いているありさまそのものだといってよいだろうか。

それに対して西田が明らかにしようとした「事態」とは、なにかが引き起こされてそのようになるという「できごと」だった。できごととは何かが静止していることではない。ヒトが何かをしたいと思い、何らかの行動を起こす。その結果として何かがおこり、それがつぎのできごとへのひきがねになってゆく。そうした行動やできごとの連鎖をえがくという課題が生まれてくる。できごとに関しては、そうして動き続けているものを動き続けているままに、それを記述したり分析したりする戦術をもたなければならない。西田はともあれ、それをヒトのモデルについて試みたのである。

構造という概念に関していうならば、「構造機能主義」ということばがあるように、構造はしばしば機能とセットでとらえられようとする。機能もまた時間とともに生起する、ある種の事態といえるかも知れない。しかし機能と事態は、二つの点で別のものである。

一つは機能がひきおこす結果の大きさである。構造から導き出された機能が働く場は、それほど大きいものではない。こちらの端を少しだけ動かしてみたら、あちらの端がやはり少しだけ動いた。構造はこちらの端の運動とあちらの端の運動とを結びつける役割を果たしているにちがいない。構造機能主義者はそのように考える。伊谷は構造機能主義者ではないかもしれないが、構造の果たす機能をとらえようとして、たとえば群れのなかに飛び込むとか、後述するように二匹のサルの間にミカンを置いてみるとかなどの、ささやかな実験をおこなった。というより、機能にかかわるささやかな実験から構造を推測したと言ったほうが正しいだろう。実験はあくまで構造体そのものがこわれるほどのものであってはならないし、すでに見たように、伊谷は対象とする構造体がほとんど静止するまで待たなくてはならなかったのである。

そして二つ目は、「機能」にはたらく時間と、「事態」を生み出す時間の位相のちがいである。構造に時間という変数を組み合わせると機能がうまれる。言いかえれば機能functionとは、構造の上で動く時間の関数functionなのである。したがって機能は構造が許すかぎりにおいての運動のみを表出することができるが、けっしてそれ以上に行くことがない。まして構造そのものを組み替えたり破壊してしまうことなどはけっしてない。すなわちこの場合、時間は一つの変数として機能のなかに組み込まれている。いっぽう事態の形成にはたらく時間とは、機能に組み込まれていない時間のことである。そのような時間は、構造が想定していないところにまでものごとを連れ出してしまうから、たんなる変数として処理することはできない。歴史を作り出す時間とはそのように、構造上の破壊と断絶を作り出す時間のことなのである。

以上のように、科学的な思考法がとらえる時間には二つの種類がある。自然科学における時間概念は、長短――数秒から数億年単位までの広がりをもつ――にかかわらずほぼ前者に限られるといってよい。だが人文科学や社会科学において、これら二つの種類の時間がしばしば交錯する。そして歴史を語らない伊谷と、何らかの意味で歴史を語ろうとする西田との相違とは、両者の構造観と時間観の相違に帰着するということができる。

さてできごとという概念に関して、さらにもう一つのことに目をむけておきたい。ある「できごと」がこの世界に出来《しゅったい》したとき、学問はそれを何らかの必然性という文脈で理解しようと努めるのが普通であろう。ここで問題にしたいのは、その「必然性」ということばが使われるステージの問題である。それは研究者の理解のなかでの必然性なのか、それともそのできごとの当事者にとっての必然なのか。そして両者を一つの筋道で束ねることができるのかどうか。

ミクロ分析という概念がないか、またはそれが意識されない段階で、必然性はつねに研究者の言葉のなかにあった。あるシステムの全体を見わたすことができる研究者の視点にたったとき、はじめてものごとの推移は必然性をもって理解できる。個々のできごとは偶然または恣意の産物でしかなかったとしても、構造的な道筋のストーリーが与えられたとき、はじめてその行動に必然という意味づけがなされることになる。

それに対して西田は、当事者の側からその問題を考えようとしているらしい。本書の記述にしばしば「戦略」という言葉が使用されていることに、注意をはらってほしい。若干の例を西田本のなかからあげておこう。

適応戦略 ‥49頁

生計戦略　‥49頁
生存戦略　‥55頁
クマの戦略　‥57頁
オオカミ型戦略　‥58頁

西田にとって、ヒトを含めた動物たちは、自分が生きるために、諸条件やそれらの変化および変化がもたらすであろう事態を知りつくしたうえで、そのときどきで最適の行動を選択しようとする。あるいはその能力をもっている。ここにはたぶんミクロ経済学において想定されていた、ホモ・エコノミカスの行動原則と同様のものを想定してよいかもしれない。すなわち

①ヒトはいかなるときにも、いくつもの選択肢のなかから、みずからの生存の蓋然性が最大となるような道を選ぶことができる。
②その際に、他の生物の生存確率等に一切左右されず、あくまで自分自身にとっての合理性（＝利益）のみによって行動する。

もちろんヒトは、あらゆる制約から自由に存在しているわけではなく、一定の環境のなかで生きている。そしてその環境は変化し続けている。それがどのようなものであり、ヒトがその変化にどのように対応してきたか、ということの記述に西田は筆を尽くしているので、そのことをあ

らためて要約する必要はないだろう。さきほど西田にとってのヒトとはナマの実体をもたない（ミクロ）モデルであり、モデルによるシミュレーションが記述されているのだという意味のことを述べたが、この本は西田によるミクロ人類史の試みにほかならなかったのである。

ここで一言しておかなければならないことがある。いま私は環境の変化に対応するその行動を、ヒトの側の合理的な選択という側から述べた。しかしそれは反対に、環境の変化がヒトの行動選択を制約してきた、というように述べることもできたはずだ。つまりミクロの行動はマクロの変化と相互干渉的に選択されるのである。このあたりに西田のミクロ分析のもう一つの特徴があらわれているといわなければなるまい。ミクロ分析の代表格であるミクロ経済のように、一定の構造のなかで終始するのとは少々対照的な性格も見せてくれるのである。

だがモデルによるミクロ分析はいつでも諸刃の剣である。実際にヒトはそのように選択し行動することができたか、という観点からの考察もいっぽうではかならず必要になるだろう。そのことを本書の主題となっている「定住」というできごとに即して少しばかり考えを深めてみたい。

人類が遊動から定住への道筋を歩んできたのは事実であるが、その事実そのものは私たちに何も語ってくれない。ただそうした事実があったというのみである。西田はそれに対して、あえてそのできごとはなぜおこったのだろうか、という問いをたててみた。

人類がみずからの生存スタイルをかえようとしたとき、その意図はかなり大きな危険をかかえこむはずである。なにはともあれ、長い年月をかけてつくりあげてきたスタイルは、相当程度に高度な合理性を獲得していたはずであろう。遊動にかわって定住を選択しようとしたとき、へたをすれば悲惨な結果がまちうけているかもしれない。すでにみたように、西田はおこりうる危険をいくつか列挙してみた。その危険には危険性の度合いのきわめて大きなものもあれば、さしあたり若干の不快をがまんすればのりきれそうなものもあるだろう。

問題はしかし、それら危険の度合いをあらかじめはかることはできないということだ。あるいははかることができたとしても、いくつかの危険の取捨選択はどれほどまちがいなくできるだろうか。経済学上のミクロ分析においては、行為者は必要とされる情報をすべて手に入れることができ、それに対する完璧に合理的な判断もできるという前提があるのだが、現実にそんなことはあるはずがない。それにもかかわらず、人類はあるとき定住を決断した。その決断の結果がでるまでに、どれほどの時間を要するのだろう。西田はそれを自然環境の変化、つまりある種の外圧に求めようとしたのは本書に見たとおりである。だがそれを「外圧」とみなすこと自体が、じつをいえばすでに研究者のものではないのか。獲物を追って生きてきた原始人たちにしてみれば、獲物がとれなくなれば、とれるまで探しまわるだけであろう。ほかの生き物に目をむけたとしても、それを獲得するスキルを身につけるまでに、人びとは飢えてしまうにちがいない。哺乳動物よりも魚類のほうが獲得効率がよいからといって[11]、それにはかなり高度な漁具の製作技術（そこには原材料の加工技術も含まれよう）が必要である。だからたいていの動物は、そこに到達するまでに絶滅してしまった[12]。けれどもヒトは幸いなことにそのような事態にいたらなかった[13]。それはなぜなのか、という問題について、西田はこの時点ではまだ答えようとしない。

ところでできごとへの関心は、もちろん伊谷にもあった。というより、伊谷こそが「できごと」

と「ものごと」のはざまで悪戦苦闘していたといったほうがよほど正確かもしれない。たとえば餌付けが完成した餌場で、伊谷はボスザルの順位を確認する実験をおこなっている。ボスクラスの二頭のサルの間にミカンなどの餌を投げ、どちらが取るかというテストである。ここからかれは都合六匹のボスザルたちの順位確認に成功した。たしかにこれもできごとといえばできごとではあろう。しかしできごとというには、じつのところあまりにささやかというしかない。これはあくまでテストであって、できごととはいいがたい。

そうした観点からあらためて『高崎山のサル』をふりかえると、追跡の方法としては大きく二つにわかれる。そのことについてはすでに触れたとおりである。前半はサルの群れを追ってともに山中をかけめぐる行動、後半――といっても第五章にはいってようやくなのであるが――では、いまのべたとおり、餌付け場でほぼ静止した状態のサルたちの観察である。この観察においてはまことに手際よくことが進められていく。観察の内容とは、投げ与えられたミカンをどちらがとるかという、二者択一の判定にすぎない。ところが山中ではそのようにはことが進まない。かなりの速度で移動するサルを追い、ときには行く先を予測して先回りをする。ときには群れのまっただなかに入り込んでしまって、緊迫したやりとりが繰り広げられる。いかに記録の技術に熟達しようとも、そのすべてを書き留めることは不可能に近い。第一、多くの場合、サルの姿を直接見ることもできないのだ。そこで前述したように、伊谷はサルの発する声にも注目した。サルの群れのなかでおこっている無秩序なできごととか声によるコミュニケーションとは、もともと十分な言語化が不可能な領域であろう。五感を存分に働かせて声を聞き分けるという行為は、そこですでに観察者の判断に強く依存せざるをえない。無秩序なできごとに関する記録や記述は、これも観察者の主観をとおしてのそれにならざるをえないから、その点でも客観性に対する批判の余地をもつ。だからこそ伊谷はそうした記述に満足できなかったのだ。サルのフィールドワークとその分析をできるだけ科学的なものとするために、伊谷はよりよい観察の場を待っていた。観察環境の統制が可能な、いわば実験室にサルたちを閉じ込める機会をまっていたのである。それが伊谷の意図したところであったかどうかは、このさい大きな問題ではない。できごととしてではなく、ものごとをとおしてサルの世界を描く。伊谷は最終的に、そのような構成でかれの本を記述したのである。

けれどもそれから数年して、伊谷はまたあるできごととであうことになった。それは『高崎山のサル』でひとつの到達点と位置づけた、サル社会の構造論に大きな修正をもたらす「できごと」であった。講談社版の後書きに記された、当時の筆頭ボスとして群れに君臨していたジュピターと、その地位に挑戦したミミナシというサルに関する物語りである。

伊谷はボスザル・ジュピターについて、つぎのように記している。

> 私はその後も、数多くのニホンザルを見てきたが、のちに述べるジュピターに比肩しうる唯一の例外を除いて、ジュピターほど気性の激しいサルを見ていない。引きしぼった弓の矢がいつ放たれるかといった緊張感をこのサルの五体や挙動から感じ取った（傍点筆者）ものだった。（伊谷本350頁）

研究者であるはずの伊谷に対してかくもあざやかな印象を与えたジュピターは、さらに彼のライバルたるミミナシとの関係でもって、その輪郭を鮮烈なものにしたといってよい。引用中の「ジュピターに比肩しうる唯一の例外」と紹介されたサルこそがミミナシである。ミミナシは群れの外にいる離れザルであったが、ジュピターの地位を狙ってしばしば対決した。その戦いはつねにジュピターのものであった。しかしミミナシは「精神的にはけっしてジュピターに敗れたのではない」（伊谷本352頁）と、伊谷をして言わしめるほどの存在であったという。ジュピターにかぎらず、群れのリーダーはつねにこのような挑戦にさらされなければならないのである。そして伊谷はミミナシやジュピターの来歴についても語っている。それはオスのサルは生まれ育った群れをでるものだという可能性（もしくは事実）の発見である。それは高崎山以後のサル学の発展にまたなければならなかった。伊谷があれほど苦労してつきとめた群れの外延は決して固定したものではなかったのだ。

上のできごととは、構造がけっして永続的な存在でないことを物語っている。伊谷が一度手にしたとおもったものごとは、その後の継続的なできごとへの観察によって修正を余儀なくされた。長期にわたったとき構造は不動のものでも安定したものでもない。いくつものできごとによって、群れの外延や構造は、つねに揺り動かされつづけているのである。

ここまできたとき、私はふたたび議論の最初にたちもどってみなければならない。西田の思考に仮託して私が考えようとした問題とは、つまるところ次のように語ることができる。

「そのものが、いまここにこのようにしてあるのはなぜか」という問いは、何らかの有意な答えに至りうるという意味で、果たして有効な問いといえるのか？

この問いに対して、「あらゆる学問は、その問題をこそ考えようとしてきたではないか」と軽々しくいってはならない。その答えはたしかにまちがいというわけでもない。だがここで考え直してみよう。いまここでそのものがこのようにしてある、という現実＝答えがすでにでてしまっている問いと、そうでない問いとのあいだにはとてつもない距離があるはずだ。たしかに一部の自然科学においては、一定の初期条件と運動法則を与え、そこから何が起こるかをスーパーコンピュータなどを使ってシミュレーションするという手法が考案され、その結果として未知の「いま-ここ」を導くことに成功した実例が少なからず存在するという。しかし学問一般にそうであるかといえば、おそらくそうではないだろう。

たとえば歴史学の思考法に例をとってみよう。一人の歴史学者が、あるものごとがある時代にそのようになるべくしてなったということを、史料に即して解明したとする。それは、時系列にそって出現した事象群に必然性というテーマのストーリーを与えた、という以上の意味をもつだろうか。なぜなら歴史学はしばしば「歴史に『もし』はない」と言う。ここで「もし」とは、そのようであった諸事象以外の事態の存在ということである。したがって「もし」はないと主張しつつ、同時に諸事象間をつなぐ説明をつむぎだそうとするなら、諸事象の出現をそれぞれ必然とするストーリー以外は考えようがないということになるではないか。

しかしじつをいえば、そこにはたらいていたのはもしかしたら偶然だったかもしれないし、むしろ気まぐれというべきものだったかもしれない。一つひとつのできごとは偶然や気まぐれだったとしても、歴史の大きな流れのなかでは必然というべき様相をみてとることができる、と歴史学は主張してきた。だがいったい、できごとの生起にあたって、偶然や気まぐれと必然とはどこでどう区別できるのだろうか。人や組織や地名など、固有名詞で語られるものごとの生起の多くは偶然の範疇に属するといえるかもしれない。しかしそれらの固有名詞が次第に包括的かつ抽象的になっていったとき、はたして線引きはできるのだろうか。なぜなら包括的かつ抽象的な概念といっても、それらはかならず個別の事例、固有名詞をもったものごとに付随してしか実現できないのだから……。

そのように考えていくと、歴史が必然の連鎖に見えるのは、おおくのものごとのなかから、必然に見えるものだけを見ているからにすぎないのではないか。そして歴史学的思考がそのように進んできたとするならば、歴史学が解こうとしてきた諸問題は、はたして論理的に有効な問いなのかという深刻な課題をつきつけられることになるだろう。

私はさきに、西田の思考をシミュレーションと表現した。だがそれはスーパーコンピュータが行うようにシミュレートしていないことはまちがいない。そうだとするならば、西田にとって有効な問題とはいったい何だったのかということを、改めて考えなおさなければならないことになるだろう。

以上、ふたたび二著の論旨にもどって「ものごと」論と「できごと」論のあいだの葛藤を検討してみた。この葛藤はおそらく将来にわたり何度でも、解決困難な問題として立ち現れることであろう。そしてひとこと断っておかなければならないのだが、私は本稿において「できごと」論の優越を主張しようというのではない。なによりも客観性という基準を「できごと」記述はどう乗り越えていくのかという大きな課題が残るからである。それにもかかわらず近代の学問がおちいったアポリアに対して、「できごと」論は一つの道筋をしめしてくれるものと考えている。その点について詳述する術を、残念ながら今の私は持っていない。他日を待つことにしたい。

注

（1）『高崎山のサル』は1954年に光文社から初版（今西錦司編《日本動物記》第二巻）が刊行された。ついで1971年に思索社版、1973年に講談社版（講談社文庫）、2007年に平凡社版（『伊谷純一郎著作集第一巻』）と続き、2010年には講談社文庫版を底本として講談社学術文庫に収録された。本稿で使用しているのは、最後の講談社学術文庫版である。

（2）『定住革命』は1986年に初版が新曜社から刊行されたが、2007年に講談社学術文庫に『人類史のなかの定住革命』と改題して収録された。本稿で使用しているのは、この講談社学術文庫版である。

（3）現在の国立公園高崎山自然動物園の公式サイトによれば、餌付けの起こりはつぎのような事情だったという（高崎山 online）。

昭和二七年当時に大分市長上田保氏（故人）が、高崎山周辺農家に農作物被害を及ぼしていたサルを被害防止と一ヵ所にサルを集めて観光資源にしようと試み、その年の一一月に市長がポケットマネーからリンゴを餌付け用に用意し、ホラ貝を鳴らし試みましたがなかなかうまくいかなかったようです。そこで高崎山の麓にある万寿寺別院の大西和尚（故人）のアイデアでさつま芋の餌に変更したところ徐々に人間を警戒していたサル達も餌を食べるようになり昭和二八年三月に高崎山自然動物園としてスタートしました。

つまり餌付けの目的は研究にではなく、食害の排除と観光資源としての活用とにあり、調査グループとは別個の計画で実施されたものであった。しかし餌付け成功後は、餌付け場である万寿寺別院の庭が伊谷らのフィールドの一つになっていった。

（4）そうはいっても、常にそうであるわけではかならずしもない。西田本の場合でいえば、「人類」という抽象的な存在を対象としたモデル的思考は、西田がいうところの遊動から定住に移り変わる場面を描いた第一章から第五章までと、人類が発生し文化・社会を作り上げていく場面を描く第九章・第一〇章であるといってよい。いずれも大変に大きな物語を展開するくだりである。

（5）カール・ポパーが提唱した反証可能性の概念に基づく科学性の基準は、一般に自然科学を対象としており、人文科学にそれを適用するのはかなりやっかいであろう。実際、科学哲学者の伊勢田哲治は、今西錦司の進化論が反証可能であるかどうかを検証するのに四苦八苦している（伊勢田２００５）。しかしこのように考えるかぎり、西田本のほうは「反証性」などという概念をもちだすまでもなく、科学的論述とはいえないことになってしまう。

（6）「反証可能性」とは、いうまでもなく科学哲学者カール・ポパーによって提唱された、ある仮説の科学性を計るための基準となる概念としてよく知られている。ある仮説が反証可能性をもつとは、何らかの観察なり実験なりの証拠によって肯定なり否定なりができる言辞なのかということを判断できる可能性をさす。その仮説が何らかの証拠によって支持されれば仮説は正しいという結果になるだろうし、否定される証拠（＝反証）が見つけられればその仮説は正しくないことになる。すなわち反証可能性とはその仮説が科学的命題として存立しうるかどうかを計るための基準であって、実際に反証できたかどうかとは、まったく別次元にある概念である。この概念については科学哲学的に煩瑣な議論をともなうが、ひとまず西田の行おうとしている議論が、議論としてなりたちうるのかどうかということだけは論理的に確かめておかなければならない。

（7）同書第一章は「定住革命」（西田1984）と題されている。本稿で論じているのは主としてこの章に即しているので、構成している節のタイトルだけでもここで掲げておく。

1　遊動の意味
2　定住生活の条件
3　定住の動機
4　定住化の環境要因

（8）正確にはこの引用のあと「という視点が成立する」と続いている。この部分についてはもう少しあとで言及しよう。

（9）なぜならこれは「定住生活は、定住にうつるすべての障害が消滅したときに可能になる」と言いかえることができるからである。

（10）（1）安全性・快適性の維持、（2）経済的側面、（3）社会的側面、（4）生理的側面、（5）観念的側面。先述した一二項目の一つひとつについて西田は、本書第一章「定住革命」の「2　定住生活の条件」において、かなり立ち入った説明をしている。こちらでは遊動の利点というよりは、遊動を放棄して定住を実現するために必要とされた問題をどのように解決したか、という視点からの叙述に比重が移っている。

（11）西田は定住の動機の一つに、陸上動物よりも水中生物を獲得するほうが、単位面積あたりはるかに有利だという計算をあげている（西田本39～40頁）。

（12）あることが実現されるまでには一定の時間が必要だという事実は、ともすればミクロ分析上の盲点である。ミクロ分析の代表格である経済学において、その点が論理上の弱点になるということは、杉本栄一が明確に指摘したところである（杉本1949）。

（13）遊動がモチーフになるなら、ここで素朴な疑問を呈することもできよう。なぜ彼らは生息場所を変えるという選択をとらなかったのだろうか。実際に人類はアフリカに発生し、そこから地球全体に広がっていったとされる。それはより生存に適した環境を求めてのものではなかったのか。そんなふうに考えてみると、「適者生存」という原理にも疑問が生じてくる。この原理は閉ざされた環境のなかで、より適応能力の高い種が生き延びる、あるいはより適応能力の高い形質を得た種が生き延びる、という原則にほかならない。しかし環境が無限の（正確には無限に近い）広がりをもつのだったら遊動こそが生存戦略の中核になるはずだ。ホッキョクグマは、なぜ北極というあまり生存には適さないと思われる地域に住み着いてしまったのだろうか。ホッキョクグマは北極地帯という環境において生態系の頂点に位置するとされる。しかしあれほどの形質を持つならば、北極地帯などで生態系の頂点に甘んじているよりも、遊動してもっと豊かな生存環境に移動するという、はるかに容易な選択があったはずではないかという想像が成り立つからである。この疑問は、かつて今西錦司が提唱した「棲み分け」に通じるものと考えられる。

文献

伊勢田2005…　伊勢田哲治『哲学思考トレーニング』ちくま新書　2005年
伊谷1954…　伊谷純一郎『高崎山のサル』光文社刊　1954年（書誌については注（1）を参照のこと）
杉本1949…　杉本栄一『近代経済学の解明』岩波文庫　1949年
西田1986…　西田正規『定住革命―遊動と定住の人類史』新曜社刊　1986年（書誌については注（2）を参考のこと）
西田1984…　西田正規「定住革命」京都大学人類学研究会編『季刊人類学』15‐1　講談社　1984年
ボーヴォワール1949…　シモーヌ・ド・ボーヴォワール『第二の性』1949年（引用は新潮社版『決定版　第二の性　Ⅱ　体験』中嶋公子・加藤康子訳　1977年）

高崎山 online…「国立公園高崎山自然動物園」http://www.takasakiyama.jp/takasakiyama/abouts/ 最終アクセス2015年7月28日

【付記】本稿は、私が加わっている小さな研究集団「プロジェクトB110」での討議で得られた着想に基づいている。

社会理解のための「合理」と「背理」

◉網野善彦『無縁・公界・楽』を最初の手がかりに

I…問題の所在

かつて人文・社会科学のかなり広い領域で、さらには一般的な社会思想の領域で、「無縁」という概念が一世を風靡したことがある。それは網野善彦の衝撃的な著作『無縁《むえん》・公界《くがい》・楽《らく》 日本中世の自由と平和』（網野1978）[1]によってもたらされたものであった。その主張は従来の歴史像に大きな修正をせまる提言であったため、いっぽうでは大きな反発を呼び起こしたことも事実である。本稿は網野のこの議論を出発点とし、そこから考え得るいくつかの問題について考察をめぐらそうとするものである。ただここで急ぎ断っておかなければならない点がいくつかある。何よりも本稿は、網野の「無縁論」の紹介や批評・再評価などを目的としていない。いまさらそれが筆者に――であれ、ほかの誰にであれ――課せられるべき任務になろうとは、とうてい考えられないことである。また本稿は網野の「無縁」論の学史的検討を目的としているのでもない。筆者の力量云々という問題はさておいても、それよりも深い理由がある。筆者は日本民俗学を専攻するものであり、今はその立地点から網野の議論を考察することに意義を見いだそうとしているのであって、純然たる「歴史学」学としての関心は筆者のなかに——少なくとも本稿を執筆しているこの瞬間には——存在しないからである。

反対に、本論における筆者のもくろみをさきに語っておこう。

(1) まず本論は、網野の議論への簡単な言及につづいて、それに対するいくつかの反論に着目する。網野はそれらに対して反論や補足を行い、本書の増補版を構成した。だが本稿のテーマは、日本史学の領域史ではない。そうしたアプローチから距離をおき、どのような思考形式の違いがその論争を生み出したのか、という観点から理解しようとするものである。

(2) 網野がこの「無縁」論の舞台としたのは、あくまで中世社会であった。したがって応答もまた中世史を前提としたものになっていた。「無縁」を生み出した社会観念は、近世にいたれば著しく衰退し、現代ではもはや「無縁」論は成立しえない、と受け止めるのがごくあたりまえの感覚であろう。実際、本書においても網野もまたそのことを明言している。だがほんとうにそう限定してしまえるのだろうか、ということを、つぎには問題にしてみたい。

(3) 議論はここで学際的な文脈に転じる。網野の「無縁」論にとりわけ強い関心を寄せたのは、わが日本民俗学であったのはまちがいない。反対に、網野が民俗学に強い関心を寄せた歴史学者だったこともまちがいない。では「無縁」論と民俗学とはどのような論理によって通底するのだろうか。従来、それは民衆の日常生活に着目する「社会史」という領域概念で理解されていたといってよいだろう。しかしそのような理解だけでよいのか、というのが最後の論点である。歴史学と民俗学には、社会というものを考えようとする際の思考形式というレベルで、もっと鋭く対立する軸があるのではないか、というのが筆者の主張になる。

Ⅱ…「無縁」ストーリーをめぐる対立軸―合理と背理―

さて議論をすすめるにあたって、まずは本書の内容の核心だけでも紹介しておかなければなるまい。よく知られた主張ではあるので、ごく概略だけをかいつまんで確認しておきたい。

本書が「エンガチョ」という子どもの遊びへの考察から始められるのは、歴史書のスタイルとして意外の感がある。だがいっぽう、歴史家網野善彦のこのテーマへの取り組み方を示すものとして印象的でもある。しかしこの話題に立ち入るのは、もうすこしあとにしよう。歴史書としての本論は、江戸時代の縁切り寺の考察から始まる。

江戸時代、鎌倉松ヶ岡の東慶寺と上野国徳川の満徳寺が、女性の側からの離縁を可能にする縁切り寺であったことはよく知られている。東慶寺の場合、そこに駈け入って三年間を比丘尼としてつとめ――東慶寺は尼寺であった――をはたすと、夫との縁は切れ、離婚の効果が生じたというのである。そこで網野が注目するのは、この機能をもつのは上記の二ヶ寺だけでなく、かなりの尼寺やほかの施設が同様の機能をもっていたらしいという事実である。前橋藩における同藩家臣の家、武蔵国八王子では八王子千人頭の家が例としてあげられた。「このように、江戸時代前期、縁切りの原理は、まださまざまな形で社会の中にその生命を保ち、小さからぬ作用をそこに及ぼしていた」(23頁)と網野は断言する。

つぎの章「若狭の駆込寺―万徳寺の寺法―」でいよいよ「無縁所」ということばそのものが登

場する。最初に引用されるのは、一五四四年（天文一三）、若狭国の守護武田信豊が正昭院（万徳寺の前名）にあてて発給された文書で、かいつまんでいえば次のような内容である。

①正昭院は若狭の真言宗の本寺であり、武田氏の祈願所と定めたものである。

②闘諍喧嘩そのほかいかなる重科人でも、この寺に走り入って保護を求めたものについては、武田氏に事情を届けたうえで、寺が扶持せよ。

③たとえ科人の主人がやってきて、自分の被官・下人を誅伐しようとしても、それは許さない。

そして同院が祈願所と定められたのは、すこしさかのぼる一五二四年のことで、信豊の父元光による次のような内容の判物によってであったという。すなわち当寺が「無縁所」であることに鑑み、寺法の条々を定めた。これからは領主のことについての祈念がなによりも肝要である、と。ここでいう寺法とは同日付の下知状にある九箇条の内容である。ここで注目すべき内容としてとくに網野が言及するのは、①寄進された田畠山林竹木等についての過去の判物の再確認と、②造営のための頼母子《たのもし》、施入された祠堂米《しどうまい》、祠堂銭《しどうせん》（網野はこれを「貸付」という概念で呼んでいる。36頁）については、徳政つまり借銭の破棄が発布されても適用されない、という規定であった。

網野はここからつぎのように、「無縁」という言葉——当寺の社会に実在した観念であると同時に、網野がこれからさきの理論展開の中核に定置しようとした概念でもある——で統一的に理解しようとする。

元光はそのことを前提としたうえで、「寺法」を定め、祈願所としているのであり、とすれば、課役免除、徳政免許を含む掟書も、また信豊が公認したさきの駆込寺の規定も、まさしくこの寺が「無縁所」だったことに、その淵源をもっているとみて、まず、間違いないと思われる。とすれば、縁切りの原理は、戦国時代、「無縁」といわれたことを、ここに確認することができる。(36頁)

網野はなおも歴史を縦横に走り回り、数多くの「無縁」を発見する。本書の表題で並置される「公界」も「楽」も、「無縁」と同様、「縁切り」の原理に貫かれた社会のありかたなのだとされる。もっとも本書で見出されたこのような事例は、中世史家としての分を踏まえたのだろうか、中世に限定されることが多い。しかし網野の奮闘により、私たちはこれまでの中世史像とはまったく異なるといってよい歴史像を納得させられるであろう。そして実際、多くの歴史研究者たちさえもがその新しい歴史像を──少なくとも一面では──受け入れざるをえなかったのである。

ここで注意しておかなければならないのは、「無縁」ということばの積極的なニュアンスである。それはたんに社会から隔絶されるとか世間と縁を持てない、という否定的な状況ではない。むしろ「無縁」という立ち位置を利用しながら、恒久的あるいは一時的に、社会との縁のありかたを再構築するといったほうが正しい。だから「無縁」とは積極的に「縁を切る」という行為として存在するのだ、と網野は理解した。無縁所に走り入った下人・所従は主人との縁を切ったのであるし、寺院＝無縁所の借銭は、世俗と縁を切ることによって徳政令を無効にした。「無縁所」であることをみずから宣言したり権力者によって認められたからといって、社会とのつながりはけっして断ち切れていない。つまり「無縁」は、当該社会のなかでの例外事象などではなく、「原理」として社会の根幹にあったと認識されるのである。

先述した冒頭の「エンガチョ」はまさにそのような積極的縁切りの具体例であった。手短にその内容を紹介しておこう。子どもたちの皆が、突然自分にむかって「エーンガチョ、エンガチョ」とはやし立て始める。何かきたないものにさわったか踏んだかしてしまったらしいのだが、言われた自分には見当がつかない。皆はいっせいに自分から逃げ出してしまい、自分は友だちをおいかけまわす。幸いだれかをつかまえることができたなら、エンガチョはその子にうつってしまい、自分はその災厄から逃れることができる。ただ追いかけられている子どものほうにも切り札がある。両手の親指と人差し指でくさりの輪をつくり、だれかに「エンきーった」といってそのくさりを切ってもらうと、もう「エンガチョ」はつかなくなるというのである。だから「エンきーった」という宣言は、その遊びのルールの一つであって、遊びそのものから脱退してしまうことではない。網野はこの遊びをめぐって

「エンきーった」というまじないのほうの「魔力」は「縁切り」のそれと見るべきであり、「エンガチョ」の「エン」も「縁」なのかもしれない。いずれにしても、後者の「魔力」を考えに入れた方がこの遊びの意味はずっとわかり易い、と私は思う。そして、「エンガチョ」の

遊びは、この「縁切り」の原理のもつ表と裏をよく示しており、人間の心と社会の深奥にふれる意味をもっているように思われるのである。(15頁)

本テーマをめぐる網野の発想の出発点が「エンガチョ」遊びのほうにあったのか、本書の全体で追求される歴史上の事象群のほうにあったのか、それはいかんとも判断しがたい。通常の歴史書・歴史論文ならば、「エンガチョ」遊びに発想の根源を措定するのは非学問的というそしりをまぬかれないだろう。しかしともかく、網野がここにこのエピソードを置いたという事実には注目しておかなければならない。「人間の心と社会の深奥」という表現をとった以上、それは人間と社会にとって根源的かつ本質的なものであって、過去であろうと現在であろうと、特定の時代に限定されたできごとにはけっしてとどまらない、という網野の確信が表れていると理解できるからである。本書最後の二つの章「未開社会のアジール」「人類と『無縁』の原理」にいたってついに中世社会をとびだしてしまったのが、その確信の必然的な帰結であったのは当然のことであった。

さて衝撃力十分な網野の主張に対する歴史研究者たちの反論(2)には、大きく二つの方向があった。その一つは容易に推測できるように、「無縁」論は資料的に十分な裏付けがとれていない、というものであった。反論の大部分はこちらに属するといってよいだろう。それらを網羅しているいとまはないので、たまたま手許にあるものから包括的な批評を引用しておこう。

いま東京大学の若手研究者が現場に立って、網野の歴史学の集成が行われている。彼らに率直な感想を取材すると、……どうやら深刻な問題点も浮上してきているようだ。それは一言でいうと、実証性の不確かさである。あれだけのスケールの大きな理論を展開する場合にはある程度はやむを得ないのだろうが、網野が根拠として挙げる史料が実際にはみつからない、引用文献にあたってみるとそんなことは書かれていない、彼が何をもってこう断言しているのか分からない。（本郷２０１０　２０１頁）

このあたりの評価になると、率直に言って筆者の手にあまるというしかない。たしかに一般的な思考として、本書の記述がさらに一歩踏み込んで、他の史料で裏打ちされてしかるべきと思われるとき、「それは原理である」という論理でかわされてしまったという印象をもたされることがたびたびあったのも事実である。しかし他方で、それらの反論の多くが、個別のそれにとどまっていたことも事実であろう。網野の論点のすべてにわたって個別的反論が提出され、それらのすべてが成り立つならば、網野の「無縁」論は葬り去られたことになろう。それにもかかわらず、すくなくとも網野は「無縁」を中世社会全体の風景としてえがきだすことをもくろみ、そのために邁進した。それに対する反論が個別のものにとどまっているかぎり、網野の主張を十分に批判しえていないということになりはしないか。この方向ではだれ一人として、一人では網野に対抗できていないのではないのか、というのが筆者のもう一つの評価である。

そうした観点にたったとき、網野の「無縁」という原理にたいして、もう一つの根源的な原理をかかげることによって批判した安良城盛昭の議論には、きわめて強く引かれるものがある。安良城が提示した原理的批判という方向性は、管見のかぎりおそらく唯一と思われる。その点だけでも、安良城による批判に高い評価を与えてしかるべきといわなければなるまい。ここで参照したいのは、『無縁・公界・楽』の上梓後六年のあとに記された文章（安良城１９８５）[3]である。

安良城の批判は一三ページにもわたる大部のものであり、論点も多岐にわたる。タイトルに網野の「近業」とあるように、この批判は小論における当面の素材（A）『無縁・公界・楽』だけでなく、もう一つの著作（B）『日本中世の民衆像―平民と職人―』（網野１９８０）をも対象にし、前半を（B）、後半を（A）をめぐる議論にあてた。もちろんその二つは別物ではない。前半の議論ではおもに、（A）の副題にもなっていた「自由」概念が主たる論点になっていたからである。そして後半部の（A）を対象としたくだりでは、もちろん「無縁」概念そのものが俎上にのせられる。

安良城はまず（A）の主張の核心をつぎのように要約した。

> 網野氏の独自の中世社会像が、その無縁論によって基礎づけられていることは衆目の一致して認めるところであろう。戦国期の無縁所の分析から「無縁の原理」を抽出して「原無縁」を措定し、原始の自由の残影を無縁所に認め、無主・無縁＝「無所有」を主張する（40頁）

この要約からも分かるように、安良城は網野の無縁論を「縁を切る」という契機ではなく、「無

所有」という概念に集約させる。この点は（B）に関する議論とも共通していて、そこでは網野批判の核心を

発想的にも、網野氏と私は同根であるといえよう。だがしかし、同根とはいえ、所有論的観点にたって論ずる私説とこれを欠く網野説との間には決定的差異がある。（37頁）

と述べるのであった。この所有概念をてこにした網野批判をすこし長く引用してみよう。

原始社会の所有形態については、二つの学説がある。その一つは、いうまでもなく、マルクス・エンゲルスによって定説化された、動産に対する私有を内包しながらも、土地については共有が基軸となっている、という見解であり、他の一つは、共有を否定し、私有という観点のみによって原始社会の所有形態を理解しようとする見解である。私は前者が定説と考えるが、無所有である、などという学説は一切存在しないのであって、この共有説・私有説の二つだけが学説という名に値し、いずれも原始社会の所有形態を論じている。ところが、無所有論はつきつめていえば、無所有なのだからそもそも所有形態を論ずる必要がなく、所有がなかったから人は自由だったというのである。原始社会における所有形態と原始の自由を関連づけるという、人類史上の根本命題を具体的な根拠を示すこともなく独善的にあっさり否定したのが、一部でもてはやされた網野説の新しい人類史の試みなるものの実態である。

動物の自由ならいざ知らず、人間の自由は無所有論では解明できるはずがない。なぜならば、人間とは所有する動物のことであって、無所有な人間などというのは、人間を、所有を知らない動物と客観的に同一視する背理的な暴論というほかはないからである。（41頁　傍点は引用者）

ここに、網野説＝無所有論、安良城説＝所有論という対立が鮮明にされ、こうした方向性のもとに、安良城による批判は、ついで他の批判と同じように、史料の具体的な検討に入っていく。したがって個別の史料にもとづく批判という点では、他のそれと大筋でかわらないと言ってよいのだが、それでも前段の言及があるかないかで、その意味は大いに異なってくるといわなければなるまい。歴史を語る論理に普遍性を見通す契機があるかないかを、きっぱりわけてしまうからである。

ところで安良城は網野を批判するにあたって、ときおり「背理」ということばを使用する。本稿のタイトルにあることばと同じである。さきの引用だけでなく、そのすぐ前にはつぎのように登場した。

マルクス・エンゲルスは、原始の自由について語るときは常に、それが共有に基礎づけられていること、そして未来の共産主義社会は、「新たな」共有にもとづいて、階級支配によって歪曲されていない「原始の自由」を新しく再興すべきである、と論じているのであって、

原始の自由が無所有に基礎づけられている、などといった背理的な主張は一切おこなっていない（41頁　傍点は引用者）

安良城による対網野批判の根拠が次第に見えてきた。

（1）歴史に対する理解はあくまで合理にもとづいていなければならないこと。
（2）社会理解における「合理」は、所有の観点にたたなければけっして見えてこないこと。

では安良城によってしりぞけられた「背理」を、網野はどのようにとらえているのだろうか。それは「原理」ということばであった。これまでの引用でもすくなからず認められたと思うが、本書の思考法においてこのことばはいわば切り札であった。実際、本書でこの「原理」はじつにおびただしく登場する。

・戦国時代まで遡ると、縁切りの原理は、江戸時代に比べてはるかに強力となり、単に夫婦の縁だけでなく、主従の縁、貸借関係の縁等々までも、切る力をもっていた（37頁）
・遍歴する「芸能」民、市場、寺社の門前、そして一揆。これらはじつはみな、「無縁」の原理と深い関係をもっているのであるが、（40頁）
・まさしく江嶋は「無縁」の場だったのであり、「公界所」という言葉は、この場合も「無縁所」

と同じ意味、同じ原理を表現している。（68頁）

ただ網野は、この原理を一概に歴史上固定したものと捉えてはいない。以下、おおむね時代順にその指摘をならべておく。

・走入りに関わる規定、「寺法」自体、まさしく、こうした場を支える原理と、戦国大名の専制的支配の原理との、激しい格闘の跡――多くは前者の「敗北」の跡を示しているといわなくてはならない。（38頁）
・おおよそ寛保以降、権力はこうした原理の作用を、自らの下に押さえ込むことに成功しはじめる。（23頁）
・やがて明治維新とともに、この原理自体が政府によって完全に否定されていくが、（24頁）

（※以上六件の引用で、傍点はすべて引用者によるもの）

網野にとってこの無縁あるいは無所有の「原理」はたしかに背理的であったといってよいだろう。かれらは政治力も武力も財力も所有していない。それにもかかわらず、かれらはみずからの主張を社会にむけて発し、社会はそれを認めざるをえなかったとするのだからである。そしてその点をとらえて安良城は、さまざまな力の所有こそが社会を動かしていく原理にほかならないのであって、網野の主張は荒唐無稽であると批判したのであった。

安良城のそうした観点からの批判が、そうたやすく克服できるものでないことは明らかである。無縁論をめぐる熱狂が、安良城の根底的な批判、そして文書一点ごとを検討する実証的な批判を経て、やがてさめていったのはやむをえないことだったといわなければなるまい。

ここで注意しておかなければならないのは、これら二方向からの批判はけっして別物ではありえないということである。周知のように伝統的な歴史学において、史料とは文書《もんじょ》と記録に大別され、文書こそが第一義的史料として優先されてきた。文書は、個人や集団が他に働きかけるという関係性が文字に記載されたものとされ、ほかのどのような史料形態よりも社会関係の実態を反映したものと位置づけられたからである。網野の「無縁」ということばに応じるならば、その関係性には「縁」ということばがふさわしい。そしてやりとりを実現させるには、ある種の「力」が不可欠である。武力、政治力、財力、あるいは資格・権限といった制度上の力等々が、その実現を可能にし、また正当化する。したがって、そのような力の行使を媒介にした「縁」の手段としての文書を解釈するということの根底には、所有という概念が不可欠である。反対にだれもが所有しない物、所有しえない物にかかわることがらに関しては、歴史学的手法による実証が不可能ということになるだろう。

前述した安良城の主張とは、ことばをかえれば以上のような論理であった。そして「無縁」という原理が「力」としてどのように実在するかということをうまく説明できないかぎり、網野の議論は圧倒的に不利にならざるをえない。本書における「原理」の過剰な使用は、網野のもどかしさの表出だったともいえるであろう(4)。

ただこの点で、実証論的批判者の側にも難点がないわけではない。なぜならば論理的に考えれば明白なように、文書をとおした実証によってあきらかにできるのは合理性によって説明できる側面でしかない、というトートロジカルな制約をもたざるをえないからである。誰かが他の誰かにたいして自分の意志を表明したり働きかけたりしたとする。その働きかけは、当事者たる相手かたによって合理性をもつと認められなければ、通常は実現されないだろう。それゆえにその一連のできごとを分析する研究者たちはなによりも先に、その行為がいかに合理的に説明しうるかをまず試みることだろう。

そのあたりをもう少し正確に議論しておこう。文書を重視する歴史研究者たちには、ある一定の人間モデルが了解されているはずである。すなわち人間は第一に、いかなるときにも自分の利益が最大となるべく行動し選択しようとすること、第二に、その際に他者の利益や感情にはできるかぎり左右されず、あくまで自分自身にとって功利的であろうとすること。以上の二点である。対象とするできごとの直接観察者にはなりえない歴史研究者たちは、一連の文書――それでも個々は断片的な情報でしかない――を解釈し、全体像を再構成しなければならない。そのときには何らかの基準とその基準を保証する根拠が不可欠であるが、後者のほうは上記のような人間モデルでなければならない。だからこそ反対に、ある人物がある文書に自分の行動なり意思なりを記していたとき、研究者はそこから、当事者にとって行動選択の根拠となった政治的社会的経済的な利害状況を読み取ることができるようになる。そこではじめて仮説が生まれ、その仮説を支持するような史料が探索されたり、既知の史料および史料群の再解釈が試みられたりする。言いかえれば、研究者に了解される合理性が、そのまま歴史の当事者にとっての合理性であるにちがいないと想定されるのである。

安良城の主張の文脈に即していうならば、さまざまなものを持つものらが、持っているものをてこにして相手に働きかける、という「縁」の合理性を読み取ることこそが実証の中身になる。だからもともと合理性になじまないものごとについて、実証という行為がどこまで可能になるか。安良城がその点に気付いていたかどうかは別にして、かれは明確に自分の立場を「合理」の側においた。しかし所有概念に言及しない多くの実証論的批判者たちが自分の立ち位置に気付いていたかどうかについては、残念ながら強い疑問をもたざるをえない。

このように考えてくると、合理性の概念は二つのレベルで理解しなければならないことがわかる。一つは当事者のレベル、もう一つは研究者のレベルである。安良城はそれを研究者の側から考えていたが、網野の主張の眼目は当事者のレベルにあった。つまり安良城のほうは、「無所有」は他者にたいして何かを主張する契機になぞなりえないと言い、「背理」として排除した。それにたいして網野は、仮に現代の側からは了解しがたい背理であったとしても、そのような契機が当事者たちの間に現実に存在したのだと言い、その現実にそってものごとを考えることこそ合理的であるとしたのだろう。そこでこれから論ずべきことは二つある。一つは安良城のいう「所有」は現実社会のなかでどのように実在するのか、そしてもう一つは網野の主張したような背理がこの社会のなかに、社会を動かすだけの重みをもって実在しうるか否か、である。まず前者から考えてみよう。

社会のなかで人間たちはさまざまな事物を所有する。そのうちのいくつかを、筆者はすでに本文中であげてみた。すなわちたとえば

暴力の所有

権力の所有

財の所有（もしくは、財力の所有）

などが考えられるに違いない。

このうちでおそらくもっとも本源的なのは、物理的な暴力の所有であろう。動物のなわばり闘争を見よ。ここには人間社会におけるような権力も財力も介入する余地はない。そして人間においてさえ、国家による支配が正当なる暴力の行使に行き着く(5)ように、人間にとっても最も本源的ということができる。

しかしいっぽうで暴力の行使は人間社会のなかで、できるだけ慎重に隠されるのが常であろう。その場合には権力とか財力とかが、まずはものをいうことになる。というより、むしろ人間社会においてそもそも暴力は権力や財力を介してしか発動しえない。社会のなかの権力者が社会なり他の誰かなりにたいして暴力をふるう――あるいは物理力をもって圧倒する――というとき、そ

れは自ら刀をふるったり銃の引き金を引いたりするわけではない。権力関係によって構成される一定の機構をとおして誰かが他の誰かにそうすることを命じ、その機構によってはじめて刀が抜かれ銃の引き金が引かれるのである。

そうした事情は財力に関しても同様である。いわゆるタンス預金などでもないかぎり、財の所有は社会における一定の手続きをとおしてはじめて所有たらしめられるしかない。あるいは自分自身のものではない公共の財を介して社会に一定の影響を及ぼすといったとき、その財の「所有」とは——もちろんここでは通常いう「所有」とすこしずれた意味で使っているのだが——財を思いのままに処分する権力の所有に等しい。

つまり安良城がいう、社会を創出する原理としての「所有」とは、まずは財力なり権力なりに関するものだということになる。反対に、権力なり財力なりの所有を最終的に担保するのが暴力にほかならないとしても、その発動はむしろ失敗であると見なされることのほうが多い。行使可能であるはずの力というものがこのようにきわめて錯綜した様相のもとにある以上、人は社会に働きかける力を本源的に「所有」しているなどとはとうてい言えないだろう。むしろ社会における一種の約束事がその有効性を担保するのである。

権力や財力の所有が約束事、つまり虚構のレベルで保証されているのだとするならば、安良城が主張したごとき「所有」こそが第一義的であるという信念は、いささか素朴にすぎるといわなければならない。そこにたとえば網野のいう「無所有」なり「無縁」なりが入り込んでくることはありえない、という検証を安良城はしていないからである。いうなれば「所有」概念もまた常に幾分かの背理性を包含しているのである。

もっとも再三指摘しているように、網野もその点が抜け落ちているということにはかわりない。網野は安良城の主張の意味するところを十分に飲み込みかつ承認——網野がマルクス主義歴史学者を自認している以上、その点を疑うことはできない——したうえで、なおかつ「無所有」を一つの原理として定立させようとする。けれどもその論理をまだみつけておらず、ただ「原理、原理」と連呼するのみだったからである。

そのうえでさきほどの第二点を議論してみよう。社会のなかに含まれる背理性としてどんなものが考えられるだろうか。それもただの例外的な局面などではなく、それがなければ社会が成り立っていないといえるほどの重みをもった契機としての背理性である。そうしたものをここでいくつも挙げられそうであるが、ここでは二つだけにとどめたい。

一つはスポーツである。考えてみるとわたしたちは、ほとんどのスポーツ種目が相手を打ち倒すことをモチーフにしていることに気がつくであろう。格闘技は基本的に相手の打倒であるし、球技もまた相手よりも技量がすぐれていることを誇り、その技量で相手を圧倒するところに目的がある。あらゆる大会の選手宣誓において、選手たちは正々堂々と相手と戦い打ち倒すことを表明する。このようにあらためて強調するまでもなく、スポーツとは争いであり戦いなのである。

この「争い」と「戦い」の語順を逆転させると「戦争」になってしまうのだが、スポーツと戦争は一八〇度ことなる方角を向いているといってよい。戦争は相手を物理的な支配下におくことを目標としているのに対し、スポーツはむしろ親密さを獲得するためのプロセスと位置づけられる。この戦いにおいては、よりよく戦った敵こそ、その後の親密さのパートナーとしてふさわしい。反対に相手の状況をおもんばかったり、相手の力量を見切って手をぬいたり、といった行為はこの戦いの場にふさわしくないとされる。

ここで想起されるのはスポーツと祭りとの類似である。古来、祭りには対抗とか競争とかをともなうことが多い。それはたんなる採点コンテストのような意味での競争ではない。優劣がはっきりと目に見える形で現れる勝負である。たとえば神輿がはげしくぶつかり合うケンカ神輿、船こぎ競争、十五夜の綱引きなど、多くの祭りが知られている。だが祭りにおけるこのような争いはむしろ社会としての一体感を獲得するためのプロセスとして現れる。山側が勝てば豊作、海側が勝てば豊漁、などというものの、勝った側が負けた側の豊かさをすべて奪い取ってしまうわけではない。むしろ競争することによって、つまり一時的な対抗関係を作り出すことによってともに豊かになろうというのが、この種の祭りの主旨だといってさしつかえないのである。

そうしてみるとスポーツは祭りとよく似ている。というよりは、その意味においてスポーツとは祭りの変種なのである。オリンピックにしてもサッカーのワールドカップにしても、世界中から選手が観客が戦いのために集結してくる。しかし私たちはそれをスポーツの祭典といって少しも疑わないではないか。

そして二つ目は、オリンピックなどと比べてさえも、社会の本質にはるかに重大な意味をもつ背理性である。

人間が構成する社会が均質な構成員からなりたつ、ということはまずあり得ない。性別、年齢別、性格の差などのほかに、もっと社会的な差異として所属集団の差、貧富の差、各種能力の差などじつにさまざまなちがいを保持した人びとがいる。社会とはそのように多様な属性の集合によって構成される構造物にほかならない、とはだれでも知っていることであろう。ところがあるときそれら百人百様の異なる属性がすべて剥奪される局面が出現する。それは選挙である。とくに民主主義体制下における投票行動では、ほとんど無条件に、それぞれの属性が捨象されなければならない。すなわち厳格に一人一票という原則が強要されるのである。

この原則が社会の意思決定方法として相対的な基準にすぎないことはいうまでもない。歴史的にみれば社会の意思決定にあたってそこに存在するものの全員がなんらかの形で関与するなどということはほとんどありえなかった。近代に入っても、投票権をもつのは男性だけであったり、一定の所得水準にあり一定以上の租税負担をしているもの——言いかえれば、それだけ社会への貢献度が高いと考えられているもの——のみに選挙権が与えられたり、という状況がつい最近まで続いていた。そうした時代を経て民主主義体制下に移っても、社会全体の意思決定権は、ある場合にはもっとも強い属性をもつ個人ないし少数のもの——意思決定権を委任されたという名目のもとにある大統領、首相や議員たちのように——に占有される。また投票という手段をとる場合にあっても、個々の属性を反映した投票方法——保有する株数に応じて投票の重みがかわってくる株主総会のように——が採用されることもある。前者の方式は代表民主主義という民主主義の下位概念として位置づけられているし、後者の方式は組織体への貢献度が投票権の重みに反映すべきであるという理念に基づいている。それゆえどちらにしても制度の枠内にあるかぎり、非民主的であるというそしりをうけることはない。したがって一人一票という原則がもっとも理にかない正義であるという思想は、フィクショナルな約束事でありかつ背理であるといわなければならない。なぜなら社会とは個々の異なる属性によって成り立っているという事実はだれにも承認されており、それでもなお、二つの原則のどちらが優先できるかということが不可能なほどにどちらも正義であり正当である、という思想をわれわれの社会は承認してしまっているからである。

ことわるまでもなく網野は、現代国家における無縁所の存在など認めてはいない。国家と無縁の関係について、かれは次のように、国家――とりわけ近代のそれ――の優位性のもとにあると捉えた。

「有主」「有縁」の原理による「無主」「無縁」の原理のとりこみの過程は、人類が自然を自らのうちにとりこみ、力強くなってくるとともに、一層、活発に進行していく。そして次第に力を増した「有主」「有縁」の原理の主導の下に、それが組織化されたとき、国家が姿をあらわす。(244〜245頁)

それにもかかわらず本書で網野は再三再四、無縁の原理が不滅である旨を述べている。だがそれはおよそ実体をともなった概念ではもはやなく、ほとんど願望としか言えない体のものであった。その意味で無縁論は、本書の段階ですでに破綻していたと判断するほかないのであろう。

ここで少しばかり寄り道してみよう。それでは網野に反撃の余地はなかったのだろうか。もちろん上記の選挙＝投票に関する指摘は、「所有」概念への反論にはならない。けれどもここまでの議論を踏まえたあとになってみれば、網野の戦略錯誤が見えてくる。安良城は「無縁」を「無所有」という概念に代表させることで批判し、網野は「所有と無所有」という対立軸にひきずりこまれてしまった。だがわたしたちはここで、本書の無縁論が「エンガチョ遊び」からはじまっていたことを思い出さなければならない。その際に強調されていたのはけっして「無所有」ではなく、「縁を切る」という積極的な行為にほかならなかった。すなわち網野はむしろ「縁と縁切り」という対立軸によって対抗すべきだったのではないか。上述したごとき投票制度における「縁切り」の背理性からは、その可能性が見えてくるように思われるのである。

Ⅳ…パラダイムとしての「合理」と「背理」

社会や文化の現場におりたって対象をとらえようとする、民俗学や文化人類学といったフィールド・ワークに依拠する学問群は、じつをいえば無数の背理的現象に行きあたってきた。たとえばネイティブ・アメリカンたちのあいだに認められたポトラッチなどは代表的な事例の一つである。簡単に紹介すれば、しかるべき機会に裕福な家族や指導者が客を迎え入れ、多大な、ときには過剰な贈り物をするという習俗である。それだけならばたんなる富の再配分にすぎないのであるが、研究者たちを悩ませたのは、もらった贈り物を破壊する風習が付随したり、相互蕩尽の競争がときとして引き起こされたりするという例がすくなからずみとめられたことである。

ポトラッチは財の贈与という側面だけをみれば経済的な行為にほかならないが、そこにとどまらないきわめて多くの不合理性を含んだ習俗であった。そこで文化人類学者たちは、贈与とか交換という行為を経済的な文脈から社会的な文脈に移行拡大させることによって、この難題をのりきろうとしてきた。すなわち贈与をとおして交換されたのはたんなる可視的経済的財だけでなく、名声、名誉、地位などといった社会的属性とのそれであったと考えるのである。こんにちこのような理解の方法が定説に相当するといってよいだろうが、そこにはあきらかに、学問的に正しい解釈とは合理性の基準に則していなければならないという強い圧力が存在したといってよい。

それにもかかわらず、この説明による合理性には限界があるといわなければなるまい。少なくとも社会学的説明のもつ合理性は、この場合、経済学のそれにはとうてい追い付いていない。なによりもその交換相場が計量化できていないからである。だから均衡点の場所を特定することができず、互いに贈答が延々と繰り広げられる事態が発生することも、それをいつどのように終わらせうるかということも予測できない。あるいはまたたとえば破壊や蕩尽にともなったかもしれないある種の快楽感覚などは、この合理性の形式からは排除されてしまう。つまり定説化した説明はそれなりに説得力のある解釈にはなるだろうが、それでとりおとしてしまったものが何だったか――あるいはとりおとしてしまったものがあるかも知れない――ということについては依然として不可視のままである。

文化人類学者たちは、研究史のある時点から、たんに未開民族の珍しい習俗を記述するという作業にあきたりなさを自覚し、その事象を合理的に説明することにこそ究極の目標が置かれるべきだと考えるようになった。そのような学問思想は「構造機能主義」と呼ばれる。ここで「機能」とは、「狭義には、（ある構造をもつ）システム全体について設定された目的に対する貢献」、「広義には、要素や下位システムの作用を、他の要素や下位システムについて設定される目的に対する貢献という観点からみたものも含まれる」（徳安1993）と定義される。それに対して「構造」とはたとえば「諸要素間の相対的に定常的な関係パターンから成る全体」（大野1993）といったふうに定義されることになるわけだが、ここでいう「要素」とはあくまで定義可能（比喩的には「可視的」と表現することも許されるだろう）でなければならない。つまり目に見える要素同士が「縁」としていかにつながっており、その運動がどのような結果を実現しているかを合理的に考えるための方法だといってよい。

構造機能主義はその後、人間を対象とする諸学問、とりわけ社会学に対して影響力をもち、大きな成功をおさめてきた。それは日本の民俗学にたいしても同様である。それまでの民俗学が変遷とか分布といった事象への説明を主目的としてきたのにたいして、大きな革命であったといってよい。日本の民俗学はそれまでも歴史を視野に入れてきた学問であったが、そこで考えられる歴史とはほとんど変遷と同義にすぎなかったし、また方法的にも文書や記録資料に依拠する歴史学とはまったく別物であった。ところがあるときから構造や機能という先述した概念を歴史的な時間軸と組み合わせることによって新たなステージが生まれたのである。それは個別分析法と呼ばれることもあった。今日の民俗学にとって、歴史性をさほど強く意識しないテーマ設定の場合であってさえも、構造的機能的整合性の究明は標準的な目標として設定されているといえる。

しかしいっぽうで日本の民俗学は、変遷や分布、あるいは構造や機能とまったくことなる概念も発見していた。「ハレ・ケ」という呼び方で知られる対《つい》概念がそれである。この概念の発見ないし発明は、社会の科学において、二つの意味で画期的だった。一つは、欧米の宗教学や社会学がすでに発見していた聖・俗概念とちがって、日常生活領域全体を見通すことができるレベルのそれであったことにある。聖・俗概念において日常生活はほぼ「俗」の部分に対応するといってよいが、それゆえに俗領域の生活は、それ以上に構造化されることなく残されてしまうことになる。ところがハレ・ケは生活そのもののリズムに関する概念であるから、日常生活への視点を豊かにしうるという利点をもつことになるであろう。

そしてもう一つは、まさしく日常生活における背理の発見にあった。じつのところこれはかなりパラドキシカルな事態である。考えてもみよう。ハレ・ケとは並立しえない様相を表す概念であるから、そうした背理を他の存在なり機能なりの合理的な説明のために使用できるはずがない。ハレとケの相互不可侵な対立とか相互の転換が社会に何かをもたらしたようにみえるといって、それで何かを合理的に説明したことにいったいなるのだろうか。たとえば一年に一回、へたをすると一生に一回しか袖をとおさないハレの着物は、普段着にたいして格段に値が張るのが普通である。それは経済合理性を考慮するならばとうてい容認しがたい行動であるにちがいない。

しかし現実にそうとしか言いようのない事態は、人間の社会に無数に現出しているのである。たとえば先述した〝民主的な〟投票はその一つである。これをハレ・ケの概念で捉えうるといわれると抵抗があるかもしれない。それはハレ・ケとはまったくことなる範疇にある。しかし実際にはあるきわめて限定された時間と空間のなかでのみおこなわれる、そしていくぶんか秘儀的な意思表示の方法こそが投票であると喩えることもできる。しかもそれらの集積を社会全体の意思表示に転換させる作業において、個々の意思は日常の属性から完全に切り離され、ただの一票でしかない。たとえ一国の首相や大統領であろうが、市井の一老人であろうが、その効力は完全に等しい。そのうえで選挙という意思決定システムは社会において絶対的な効力をもってしまうのである。

スポーツも同様に、ハレ・ケと異なる範疇にあるできごとといえる。しかしスポーツの場面での精神状態は、このあとに述べる祭礼のハレがましさによく似ているともいえる。このときに襲ってくる緊張状態をどのようにして、いわゆるアガリとか萎縮といった精神状態に陥らせぬようコントロールするか、あるいはそれをよりよきパフォーマンスにつなげるか、ということが選手たちにとっていつでも大きな課題とされるのはよく知られたことであろう。

そして社会の分析という領域でハレ概念がもっとも頻繁に登場するのは、祭礼であろう。この場でハレとは、人びとがそれぞれにある役柄を演じる契機のことである。人びとが日常の社会生活ではたしている「役割」とはまったくことなる「役柄」を演じることが、ここでは求められる。ふだんはおとなしかったり思慮深かったりする人物でも、神輿をかつぐという場面ではとたんに意気でいなせで勇み肌の「日本の男」に変身する。校長先生が神楽の舞台でどれほどひょうきんにふるまったとしても、だれがその役柄をありのままだと考えるだろうか。

ここで筆者は「役割」ということばを使った。この言葉から人は、構造機能主義の一つの理論的帰結として、社会のみならず個々の人格さえも諸役割の構成体であるとする「役割理論」を想起するであろう。ところが「役柄」は、おもに「ケ」の毎日を構成する「役割」とまさしく縁を切り、一種の背理的状況を創出する契機となる。つまり人びとはそれぞれに虚構の役柄を演じることによって、ハレの状況を作り出す。役柄は虚構であるが、「ハレ・ケ」の複合からなる文化の生成にとっては不可欠である。だから歴史学においてさえこの概念が多用されるようになったのは必然であった。かくして「ハレとケ」概念に導かれた背理性解釈は、合理性解釈に競合するもう一つのパラダイムとして位置づけられなければならないのである。

注

（１）同書は１９７８年に初版が、１９８７年にはその増補版が、ともに平凡社より平凡社選書として刊行された。さらに１９９６年には、増補版が平凡社ライブラリーに収録された。本稿で参照しているのは、平凡社ライブラリー版である。

（２）もちろん歴史研究者たちの反応が、反論ばかりにかたよったわけではない。熱狂的な支持者たちを少なからず輩出したといってよい。ただ支持者たちにしてもその熱狂が長く継続することはなかったといってよいかもしれない。それは網野理論の未成熟な部分が無視できるほどに小さくなかったからでもあっただろう。しかしながら支持・不支持のいずれにしても、網野の議論の本質的な特性――それは歴史学にとって、致命的な毒だったかもしれないのだが――を見落としていたのではないかという点を指摘することに本稿のもくろみがある。

（３）掲載誌が刊行されたのは１９８５年２月のことであったが、文章の末尾には１９８４年11月８日の日付が明記されているので、６年後の執筆と書いた。

（４）この安良城からの批判に対し、網野は本書補注（29）３２８〜３３２頁において反論を試みているのだが、残念ながらそれはまったく不十分なものにとどまったといわざるをえない。

（５）国家権力と物理力（暴力、武力）との不可分な関係については、これまでマキャベリが、マックス・ウェーバーが、レーニンが論じてきたことであり、いまさら小文で深入りするまでもないだろう。

文献

網野１９７８…　網野善彦『無縁・公界・楽　日本中世の平和と自由』平凡社（平凡社選書）　１９７８年
網野１９８０…　網野善彦『日本中世の民衆像―平民と職人―』岩波書店（岩波新書）　１９８０年
安良城１９８５…　安良城盛昭「網野善彦氏の近業についての批判的検討」歴史学研究会編『歴史学研究』５３８　１９８５年
大野１９９３…　大野道邦「構造」森岡清美ほか編『新社会学辞典』有斐閣　１９９３年
徳安１９９３…　徳安彰「機能」森岡清美ほか編『新社会学辞典』有斐閣　１９９３年
本郷２０１０…　本郷和人『武力による政治の誕生』講談社（講談社選書メチエ）　２０１０年

【付記】本稿は、私が加わっている小さな研究集団「プロジェクトＢ１１０」での討議で得られた着想に基づいている。

「ハレ・ケ」とは何か

I…ハレ・ケの原義

日本民俗学が他の学問だけでなく、社会全般に対して発信することに成功した概念の一つに「ハレ・ケ」という言葉がある。この節ではまず、これらの言葉が民俗学に登場したころの用例に遡り、次にそれらが次第に抽象化されて一定の意味合いをもった概念として使用されるに至った経過を、諸説に目配りしつつ簡単に説明しておきたい。

ハレ（晴）とは、まず何よりも民俗語彙の一つとして扱われた。『定本柳田国男集』の索引を検索してみると、晴着とか晴の膳というように特別な時の衣服や食事に冠せられる場合が多く、ほかには晴の日といったような使い方もあった。これらの使用法はあくまで柳田の文章から抽出したものであるから、それらがすべて民俗語彙と位置づけられるわけでないのはもちろんだが、どんな状況で使われる言葉であったことかの推測はつく。それに対してケ（褻）のほうは、索引を見ても使用頻度はきわめて低く、褻時《けどき》（飯時）や褻衣《けぎ》（普段着）などの用法がのせられているくらいであった。それにしてもこちらも主に食事と衣服に関わる言葉だったという見当がつくだろう。

晴にしろ褻にしろ、どちらもそれだけで意味をもつ言葉ではあったのだが、食事や衣服に関する記述を分かりやすくするためには、晴と褻と二つの領域に整理する必要があると柳田は考えていたようである。ただしこの段階ではまだ、ハレとケを抽象的な対立概念として定立しようというまでの意図はなかったと思われる。

ここまでの説明を改めて簡単に整理しておくと、次のようなことが指摘できる。

①〝普段〟といった意味合いをもつ褻の時間の所々に晴の時間が入り込んできて、生活時間のリズムを作り出している。その際に人びとは特別な食事をとり、特別な衣服を着用することで、晴であることを表現する。

②日常生活の大部分の時間はいうまでもなく褻から成り立っており、晴は折々の臨時の時間である。

③それにもかかわらず、民俗学が主たる関心をむけたのは——例外的な分野もないではなかったが——圧倒的に晴のほうであった。

④この段階ではまだ晴も褻も具体的な生活の姿とともにあり、後述するようなハレ・ケという対義語あるいは対立概念として認識されてはいなかった。

Ⅱ…聖俗概念との比較と限界

晴とは——規模の大小はあるものの——祭礼とか儀礼に結びつき、褻はそれ以外の生産・消費活動にたずさわる日常生活と結びつくと見なされたから、ともすれば欧米の宗教学や宗教社会学で確立された聖俗概念と重ね合わせて理解されがちであった。祭礼や儀礼にはいわゆる清浄で神聖なしつらえや行動がともなうことが多かったから、たしかにこのような関係づけにも一理あったことは理解できる。

けれどもこの比喩は、少し考えを進めてみれば、すぐに行き詰まってしまうことは明らかであった。晴とは日常生活の時間にリズムを与えてくれる文化事象であるから、ごく短時間で消滅してしまう不安定さから逃げられない。それに対して聖とははるかに安定した社会的文化的装置である。元来はキリスト教が支配するヨーロッパ社会で、聖書、聖地、聖職者などのように教会――「教団」と表現したほうが分かりやすいだろうか――の管理下におかれるべき概念であった。のちに人文科学的見地からタブーとかヒエロファニーなどという心的現象を表す用語が登場し、宗教現象の本質的規定性を担わされるようになったとはいうものの、あくまで時間的範疇とは一線を画す概念にほかならなかった。そしてもう一方の俗とは――古い用法に従うならば――教会の外にある世俗と言い換えてもさしつかえなかった。ところが日本の民俗学が注目した晴は、褻とともに世俗のなかにある現象なのである。

それにしても欧米の宗教学の影響をうけることによって、晴・褻はもうすこし普遍的な場所に引き出されることになった。ただ聖俗との類推が頓挫したあと、ハレ・ケをどのような理論のなかにおけばよいのか、ということが民俗学の新たな問題として浮かび上がることになったのは当然の成り行きであった。

Ⅲ…ケガレ概念の登場

一九七四年、ほぼ時期を同じくして、ここまでの議論に二つの新しい展開が生まれた。ハレ・ケにケガレという概念を付け加えてみようという、波平恵美子と桜井徳太郎の論考である。出版順が厳密には逆になるが、桜井論文の紹介から始めよう。桜井の議論は大きく二つの焦点があった。

桜井はまずケガレという語彙自体の検討から始めた。褻は上述したように普段といったほどの意味を持つが、さまざまに使用されているケの意味を、むしろ植え付けたり収穫したりする農産物であると受け取ってみた。さらにそこからケを気、つまり農業生産を可能ならしめる、あるいは作物に内在しているエネルギー源というところにまで解釈を進めてみたのである。するとケは日常態維持のために絶えずエネルギーを発散するから、やがて活力減退、機能衰弱を起こさざるをえない。それがケガレ（ケ枯れ）だと桜井は考えてみた。しかしケが枯れた状態のままでは日常生活が十分に機能しない。そこでケに活力を供給する賦活行事が企てられなければならない。これがハレである。そしてこの行事が終わるとまたケの状態が戻ってくる。つまりこの議論の最大の特徴は、ハレ・ケ・ケガレを相互に対立関係にあると見るのではなく、循環していくという構図でとらえようとするところにあるのである。

桜井の二番目の議論はハレの行事には二つの方向性があるという見方である。一つは幸福の獲得、もう一つは凶事からの回復といったらよいだろうか。前者をプラスのハレ、後者をマイナスのハレと呼んだ。前者においては人びとは晴着を身につけ、祭礼などを営む。後者においてはたとえば葬式のような凶事に、人びとは喪服を着して葬儀を営み日常への回復を求める。こちらの議論の特色は、従来はハレの対極にあると見なされた凶事への対処もハレの行為であるとしたところにある。ここから桜井の見解を敷衍するならば、ハレを必要とするケガレにも二種類があるということであろう。そしてマイナスのハレに対応するケガレは不浄という観念でしばしば捉えられる。反対にプラスのハレに対応するケガレは必ずしもこれと語れるような観念をともなわない。ただマイナスのハレ行事の典型とされる物忌み・精進はハレの行事の最たる祭礼にあたってもしばしばあらわれることに、桜井は注意を求めている。

上述した二つの論点はともに大きな意義をもつことになった。特に前者の循環という構図からハレ・ケ・ケガレをとらえるという視点は大きな影響力をもった。一時期はこれですべての問題が解決したとみなされたとさえ言えるほどであった。同年末に出版されたある古語辞典の「けがれ」の項の冒頭に「ケ（褻）カレ（離れ）の複合か」という記述があるのは、桜井の主張と直接の関係は不明ながらも、類似の構図が認められたといって差し支えないだろう。

つぎに波平の議論を見ておこう。波平もハレ・ケに対してケガレという概念を導入したのであるが、議論の方法と位置づけ方はまったく別のものであった。一つは生活秩序の骨組みとして相互に対立する三つの価値観が併行的に存在するのだということ、そして二つ目は複数の観念の具体的な存在態様を明らかにするため、フィールドワークのデータに基づいた点である。すなわち波平が調査を行ったある地域社会ではハレはケガレに従属するような形で存在し、ケガレとケとが主要な対立項をなしている。別の地域社会ではハレの優越が認められ、ハレはケと強く対立する。さらに第三の地域ではハレとケガレの対立が明確で、それゆえに信仰のありかたが極めて複雑で多様な様相を呈していると見た。

波平の議論のもう一つ大きな特徴は、清浄・不浄の観念を導入したところにあった。不浄とは汚れたもの、すなわち死や病気、邪悪などすべての好ましからざるものごとをさすといってよいが、一方でここでいうケガレは不浄の感覚と重なるとも見なされてきた。それゆえにケガレは、人間生活に危険をもたらす要因ということもできる。波平はこのあと徐々にケガレのほうに関心を移していくのだが、その中核にあるのはケガレのもつ一種のエネルギーであった。つまり同じエネルギーといっても、桜井のそれはケのなかにあって平穏な生活を維持させるものだったが、波平のそれはいわばケを危機に陥れるものとしての力であるという点で、対照的であった。

Ⅳ…ハレ・ケ論のその後の展開

さらにこれらとはまったく別の観点から、坪井洋文のハレ・ケ論も世に問われた。これは遠く古代にさかのぼって、日本の文化全体を宮廷が管理する文化と民間の文化とに二分し、ハレを前者、ケを後者にわりあてていくという構図をもっていた。もう少し具体的にいうと、ハレは稲作の文化に対応し、ケは雑穀の文化に対応するというのである。つまり一つの社会のなかで二つの観念が対立して存在するというのではなく、ハレとケがいわば異なる社会基盤の上に棲み分けをしていたのだという主張であった。本稿の視点は、あくまで今日の文化のなかでハレとケがどのような対立性を示すのかというところにあるのだから、この方向の議論については触れない。二つのハレ・ケ・ケガレ論の登場からちょうど一〇年後の一九八四年、桜井、波平に坪井、宮田登、谷川健一を加えて、この問題に関する入念な共同討議が行われた。論点はきわめて多岐にわたったので、この討議についての検討も割愛せざるをえない。

ただこの前後の研究によって問題は出尽くしてしまったと見なされたのか、ハレ・ケに関する理論的な検討は影をひそめてしまった観がある。しかしいっぽうで一定の市民権を得たという形になったともいえそうである。柳田の時代のあくまで物に結びついた晴・褻から独立して、抽象的な概念としてハレ・ケと表記されることが当然になった。また当初、晴は日常生活の特別な時にやってきて、その際にどのような物が必要とされるか、人びとはどのような行動をとるかという方向で問題にされていたのだったが、いつの間にかそのような制約もなくなった。都市の構成プランのなかでハレという場が論題にされたり、特定の大きな社会的事件をハレという文脈で語るようにさえなってきた。また歴史学や社会学その他の人文・社会科学分野や一般の評論文において、ハレをキーワードに何ごとかを読み解こうとする動向も普通になってきた。

いっぽうでケガレは民俗学においてさえ、ほとんど忘れられた言葉になりつつある。差別・被差別の問題を論じる際にこそ焦点化されなければならない概念であるはずなのに、差別を論じることの少ない民俗学ではケガレ概念が俎上にあがることはあまりない。

またケも別の意味で忘れられようとしているといえるだろう。民俗誌、とりわけ自治体史で一定地域の民俗を記述するとき、たとえば人生儀礼（通過儀礼）とか年中行事といった表題の付し方はいまだに廃れてはいない。人間の一生や一年間の生活が儀礼や行事だけで構成されるはずがないのに、依然としてハレに属する儀礼や行事という言葉がタイトルとして、かなり無自覚に使用されてしまうのである。柳田がある文章で、晴の日は年中に気の毒なほども少なかったと書いていたことを、もう一度苦い気持ちで思い出してみる必要がありそうである。

V…ハレ・ケ論の可能性にむけて

柳田は、都会を標準とする生活が始まってからハレとケの区別がつかなくなってきたと言った。しかし本当にそうだろうかということは再び考えてみなければなるまい。伝承されてきたいわゆる民俗行事としてのハレのほとんどは廃れてしまったか、商業主義と手を組むことによって大きく変容してしまったが、節目としてのハレ＝儀式はいっこうに廃れる様子が見えないからである。むしろある視点に立つならば、単なる日常生活時間の節目としてのハレではなく、社会秩序そのものとしてハレは社会の前面に躍り出てきていると言ったほうがよいほどである。ここでいう社会秩序としてのハレとは、たとえば国家や地方自治体といった公権力主体が実施している儀式であるため、あるべきハレの姿を攪乱する行為に対して何らかの制裁が加えられるような状況をさしている。近年では、学校の卒業式での国歌斉唱にあたって、全員が起立しているかどうか、きちんと口をあけて歌っているかどうかを個別に監視するなどといった事態まで現れるようになった。宮田はさきの共同討議で、ハレとケをセットとして表す褻晴《けはれ》という語に「私公」という漢字をあてることがあったと述べているが、ハレはまさしく公に対応する概念だったということがわかる。ただ上述した坪井の、ハレとケが社会基盤の異なる場所で棲み分けを行っていたという指摘を思い出すならば、たしかに前近代社会において、社会全体あるいは支配階層と庶民層をともに巻き込んだハレの場というものはめったなことでは考えにくい。それに対して現代のハレのあるものは普段と異なるハレがましさという感覚にとどまらず、私の領域に踏み込んでくる公権力の行使という性格までもってしまっているところに、大きな違いが生まれていることへの注目が必要であろう。

最後にもう少し根源的な課題を提起しておきたい。ここまでにも述べてきたように、ハレ・ケ論において語られるのは、圧倒的にハレであった。ハレの時、ハレの場で人びとはどのような食物を調理し、衣装を身につけ、どのような行動をとるかなどということについては、詳細な記述がなされ、分析もされてきた。その関心の中心にあったのは、ハレはどのようにケと異なるのか、という観点であったといってさしつかえない。

それでは反対に、ケはどのように描かれるのか、どのように描かれたらよいのだろうか。もちろん社会や生業、あるいは衣食住のうちでハレの部分を除いた場面、口承文芸などの領域で、ケの描写には十分力がそそがれてきたといってよいだろう。しかしここで私が求めているのは、あくまで対立するハレとケという構図のもとでケはどのように描かれたのか、どのような理論を生み出してきたのかという問題である。この観点は、ハレ・ケガレをケ（＝普段）に収斂していくべき契機として読み解いた桜井の議論、あるいはケを脅かす要因としてのケガレの力に関心を集中させようとした波平の議論からも、ともに欠落していたといってよいだろう。前者の場合、ハ

レを通して ケ枯れから回復をはたしたケは、ケの単なる復元なのか新しい段階のケなのか。後者の場合、ケガレの力に冒されたケはどうなってしまうのか、ハレとケガレの相克のなかでケはどんな役割を果たすのか。そうした観点からケはどのように描けるのか、などという問いである。そしてこの観点からの分析を実現するには、別の何かが新たに必要になるのだろうか。論理的に考えるならば、それはハレ・ケの二項、あるいはケガレを加えた三項のどれかを中心においてしまうのではなく、これらに同等の重みをもたせうる分析道具を別に用意することである。

まずハレやケガレを除いた普段の生活（ケ）を支配しているのは何かと考えてみるならば、それは合理性であるといってよい。どうしたらより多くの上質な作物を収穫することができるのか、どうしたら働きやすく長持ちする衣服を作ることができるのか。しかもそれを最小限の労力や資源で実現するためには、より合理的な思考力判断力が必要とされる。もちろん神仏に祈れば豊作になるなどといった心情は、ここでは必要ない。

あるいは社会的な場面に視点を移して、多くの人びとが協同して何かを作り出したり成果を上げたりしようとする場合も同様である。協同作業には多くの異なった資質や能力をもった人びとが参加する。また異なっていなければ成果を得られることは期待できないのが普通である。そうなるとそれらの資質や能力をどの作業にどのように配置するかということが最大の課題になる。そうするとここにも合理性の原理が働くことになるはずだ。合理的な判断の最大部分を担うのが、リーダーであることはいうまでもない。そのリーダーは実際に作業にあたるものたちに対して、どれだけのことを期待するのか。すべてをリーダーが指示するか、それとも現場の判断を最大限に生かそうとするか、それもまたリーダーに課せられた合理的判断能力の一つである。これを一言でいうならば、「役割」という語がふさわしいだろう。役割の合理的配置こそが協同作業の成否を分けるのである。

いっぽうハレは社会的な場面でも重要である。桜井は無条件にケのエネルギーの賦活がハレの機能であるといったが、なぜハレにそうした機能があるのかについてはまったく語らなかった。神仏に祈ったからというのでは、同語反復にしかならない。ここではむしろ社会的な観点からハレの意義について語っておくほうが、役割の集合体としてのケに関する説明に対してより整合的な論理構成が可能になりそうに思われる。

さてハレの局面で人びとに要求されるのは、普段とは異なる一種の様式的な行動である。それを「役柄」と言い換えることもできる。勇壮活発な神輿渡御《みこしとぎょ》の場合だったら、ふだんおとなしかったり思慮深かったりする人物でも、とたんに意気でいなせで勇み肌の日本の男に変身する。葬送——これを一応ハレの範疇に含めるとして——のときには笑いや騒がしい音を封じ込めて、どこまでも慎み深く振る舞う。特に喪主ともなると、悲しみにくれているという身体表現は必須であろう。これが結婚式になると、座をもりあげるために道化といった役柄が必要になる。伝統的村落での結婚式ではいわば制度化されていて、ときには「あの人が…！」と意外の感にうたれるような演技をみることもできる。いかに面白おかしく道化を演じたからといって、その人物のケでの信用が落ちることはまずない。むしろそれができない人間がそんなこともできないのかと誹謗されることはあっても、反対に求められた役柄を完璧に演じきったということで社会的評価は確実に高まるはずである。ハレの異質性を見事に演じきることが、合理性を根幹に構成されるケにフィードバックされる。ハレの根底にあるのは、このような背理性だといってさしつかえない。そしてそこからさらに思考を進めるならば、社会にはこのような合理性と背理性が共存しているという構造自体が、またきわめて背理的であると表現してみることも可能なのである。

ハレ・ケをめぐって、最後に二つの課題を提示してみた。全体をとおして論じ残したことは多い。聖と俗との関係、清浄と不浄との関係、生と死との関係、善と悪との関係等々。諸関係間の関係がまた錯綜している。今日ではハレ・ケ概念はあまりにも平易に受け止められすぎて、民俗学のテーマとしてはもはや時代遅れとみなされかねない。しかもこれにケガレを加えれば、議論はさらに複雑にならざるをえない。そしてひとたびケガレを俎上にあげたとき、現代社会に色濃く存在している差別の問題、いじめの問題などにも正面から立ち向かわなければならない。その奥深さ深刻さはハレ・ケ論とはくらべものにならないだろう。その前段としても、ハレ・ケが作り出す論理構造への洞察は不可欠なのである。

参考文献（この一覧は、あくまで小文を草した際に参照した文献にとどまる）
大野晋・佐竹昭広・前田金五郎編１９７４…『岩波　古語辞典』岩波書店　１９７４年
櫻井徳太郎１９７４…「結集の原点」鶴見和子・市井三郎編『思想の冒険』筑摩書房　１９７４年
櫻井徳太郎・波平恵美子・坪井洋文・宮田登・谷川健一１９８４…『共同討議　ハレ・ケ・ケガレ』青土社　１９８４年

坪井洋文1982…『稲を選んだ日本人』未来社　1982年
波平恵美子1974…「日本民間信仰とその構造」『民族学研究』38－3・4　1974年
波平恵美子1985…『ケガレ』東京堂　1985年（2009講談社現代新書に収録）
宮田登1996…『ケガレの民俗誌』人文書院　1996年
柳田國男…『定本柳田國男集』筑摩書房

摩天楼の生態学

◉レム・コールハース『錯乱のニューヨーク』読解の試み

I…はじめに

本稿はニューヨークを拠点に活動する建築家、レム・コールハースRem Koolhaasの『錯乱のニューヨークDelirious New York』（1978）[1]を素材とし、そこに現れた論理形式もしくは思考形式の読解を試みるものである。このように述べたところで、誤解をまねかないための若干の説明が必要だろう。本稿の目的は決して建築家コールハースの紹介や、本書の内容理解や、さらにはコールハースの主張の当否を評価するということ等のいずれでもない。かれが『錯乱のニューヨーク』という書物を書くにあたって素材とした建築物やそれを作った建築家たち、また舞台となったマンハッタンという街、それらを書物のなかでどのように配置し論理的に結びつけていくか、その思考の過程や方法を考察したいのである。理解という言葉を使うならば、レム・コールハースとはどのようにものごとを考えようとする人物なのか、ということに関する理解といえばよい。

レム・コールハースは、一九四四年アムステルダムに生まれた。はじめシナリオ・ライターをめざしたといわれるが、のち建築家に転じた。現在はニューヨークにある建築事務所ＯＭＡ：Office for Metropolitan Architectureを拠点に建築家として活動している。しかし本稿にとってより重要なのは、建築に関する精力的な著述家でもあるという点である。磯崎新は本書「解説」で、二〇世紀に書かれた〈建築〉にかかわる本でもっとも影響の大きかったのは、ル・コルビュジェの『建築をめざして』（１９２３）であったが、いまでは本書がそんな位置に浮上したという（５５３頁）。そのあたりの建築界での評価をいまはこの文章のままに受け止めるしかないが、建築思想の領域ではそれなりの普遍性と影響力をもった著作といってよいのであろう。

じつをいえば、本書はけっして読みやすいものではない。それはたんに私が建築にうといからばかりではない。独特かつ晦渋な修辞法と語彙群に満ち満ちているからである。おそらく日本の学生がこうした修辞法を多用しようものなら、即座に指導教員から書き直しを命ぜられるだろう。その独特の文体に幻惑されて、一読で意味を受け取りづらいところが多々ある。しかしだからといって、コールハースの論法がきわめて奇妙であるとか了解しがたいものであるということには必ずしもならない。なぜなら過剰で沸騰するような本書の修辞法を注意深くとり除いていくと、この議論は二つの方向で既知のもの――すでになされたことのある、ある学問的な議論と、もう一つはこれから先になしうるであろう学問的議論――と接続している状況が見えてくるからである。その一つとはダーウィンの『種の起源』などを典型とする進化論的な生態学、もう一つは城下町や宿場町など伝統的な集落を対象とする建築学的集落誌である。(2)

第一の視点にのっとりながら本書のテーマを簡潔に表してみるならば、マンハッタンという島の上に展開された建築物の生態学、そのなかでとりわけ摩天楼という「種」がどのような経過をたどって形成されたかという進化論の物語である。

Ⅱ…コールハースによる物語　および若干の補足

最初にコールハース自身が提示した論理の枠組み、および物語の中心的なストーリーをまとめておこう。まずはつぎのような修辞法満載の文章を注意深く読んでもらいたい。

【引用一】針と球はマンハッタンの形態的ヴォキャブラリーの両極端を構成し、その建築的選択肢の両外縁を形作っている。

針はグリッド内に位置する最も薄く最も内容積の小さい構造物である。それは最大限の物理的インパクトと極小の土地面積とを両立させる。つまるところ、それは内部を持たぬ建造物である。

球は数学的には最小の表面積で最大の容積を包含する形態である。それは、物や人、各種の図像や象徴を何でもかんでも呑み込んでしまう無差別な収容力を持っている。(中略)

個々の独立した建築としてのマンハッタニズムの歴史は、その在り方こそ多種多様ではあるものの、結局のところはこのふたつの形態が演ずる弁証法の歴史である。つまり針は球になろうと欲し、球はときに針になろうと試みるところから生まれる帰結なのである。——こうした相互的な啓発の結果、一連の見事な混成物が生まれるが、この混成物の中で、人目を惹くと同時に立地上邪魔になりにくいという針の持つ魅力は、球の途方もない収容力と肩を並べ競い合うことになるのである。（41頁）

【引用二】マンハッタン建築を定義してきた二つのフォルムの極、すなわち球と針（454頁）

建築を語るための語彙目録は、このようにきわめてシンプルである。つまり面積、高さ、容積の三点につきるといってよい。それにもう一つ、見た目というのを加えてもよい。コールハースは「物理的インパクト」、とそれを表現していた。すべての建物はこの四つの条件を満たすために構想されなければならない。

ところでマンハッタンという都市はいっぽうで、「過密」を実現しなければならないという大目標を設定されていた、とコールハースは言う。そのためさきの基本語彙群は、二つの厳しい制約と二つの許容された様式のもとにおかれることとなった。制約とは「グリッドとブロック」および「ゾーニング」、許容された様式とは「ロボトミー」と「垂直分裂」をさす。これらの概念からコールハースいうところの「理論上のマンハッタン、論理的推論の産物としてのマンハッタン」（12頁）が導き出されることになる。著者が描いた摩天楼出現のストーリーとは、概略つぎのようになるだろう。

① マンハッタンの全島は縦横に走る格子（＝グリッド）状の道路網で区画されている。このグリッドはほぼ同じサイズをもっている。そして何よりも大事なのは、建物の占有面積はグリッド一区画（＝ブロック）を上限とすることである。したがって建物がもしサイズを拡大させようとす

るならば、上に向かって延びていくほかない。

②建物は与えられた面積の上に最大限の容積を実現しようとする。実現の仕方は上述したように、針と球になぞらえられる。建物は上方に伸びる（針）ことで容積を獲得する（球）が、当然多くの階に区分される。それら上下の階相互が関連をもつことは、必ずしも必要がない。そして多くの機能が集密する結果、建物全体の性格と外観との間にも関連を必要としない。さらにゾーニング法により高層ビルは尖塔という形状をとることになった。これが摩天楼である。すなわち摩天楼とはマンハッタンの過密化を実現する建築物群であると同時に、個々のそれ自体が機能的に過密化された構築物なのである。

③球はもう一つの形態として実現される。それはホールである。ホールとはがらんどうの空間である。つまり機能的過疎の極限である。球もまたこの街でいくつかの実現例をみた。

要約がやや抽象にかたよったので、もう少し説明をつけくわえておこう。

【グリッドとブロック】

マンハッタンという都市の基本プランは、格子（グリッド）状に刻まれた道路網によって構成されるところにある。この街では、南北の道路をアベニュー、東西の道路をストリートと呼んでいるのはよく知られた事実だろう。(3)そしてブロックとは、このグリッドに四方を囲繞《いじょう》される一つの区画をさす。古代中国や日本においてよく知られ、たとえば京都のようにその面影を濃厚に残していることで今日なお身近に感じられているこの様式の都市プランに、コールハースは別の角度から大きな関心を抱いた。それは王城としての権威や秩序のありかたとしてではなく、都市としての発展をうながす基本プログラムとしてである。コールハースは言う。

グリッドは、なによりもまず、概念上の投機なのである。
中立的な見かけにもかかわらず、そこには島のための知的プログラムが内包されている。島のトポグラフィーや既存の存在などには一向お構いなく、グリッドは現実に対する知的構成の優位を要求する。（28頁）

「島」（マンハッタンは島である）という言葉を別にすれば、コールハースのこの言明は東洋の王城都市にも共通すると受け取れよう。だがマンハッタンには朱雀門も羅城門も存在しない。この都市は上下や東西の秩序と無関係であるから、南北をひっくりかえしてみても依然としてマンハッタンであることにかわりはない。(4) すなわち「ブロックはどれも同じ」（29頁）なのである。そして均質なブロック群のあちこちで、建築家たちは競い合うことになった。「マンハッタンはグリッドという媒体を通して互いに競い合い、異なる寿命を持つエピソードのモザイク」（30頁）となったのだと、コールハースは主張するのである。

ここでコールハースの思考を、あえてもう少しさかのぼってみたい。

一般に今日の都市はそれぞれ、都市計画法など一定の法令群にもとづく都市計画をもっている。

つまりその限りで、都市はけっして無意図・無秩序に形成されるものではない。ただそれら都市諸法令が定めるものは、たとえば用途にもとづく区域区分の設定であったり、各区域における建築物への規制であったり、あるいはそのための手続きであったりするところにとどまる。すなわち都市法令そのものは、具体的な都市のデザインや思想にまで言及することはない。しかし都市史に目をむけるならば、都市はしばしば都市群全体におよぶデザインの一貫性やデザインのための思想をもつことがまれではない。というより人類の歴史において、都市は村落とことなり、一定の様式のもとに作成されることが少なくなかった。東洋の王城都市における碁盤の目状の都市プランとか、広場を中心においたヨーロッパの城壁都市などは、そういった設計理念にしたがっている。そしてコールハースは、マンハッタンのグリッドにもそのような理念を見出そうとした。上記の引用にある「概念上の投機」だとか「現実に対する知的構成の優位」だとかいったレトリカルな表現は、そのような積極的視座の表明にほかならない。

ではコールハースはいったいグリッドから何を読み取ろうとしたのだろうか。それは「投機」ということばに表現されているように、さまざまな方向での豊かな可能性、とりわけ社会上経済上の利点である。しかもその利点はマンハッタン自身の成功によってはじめて可能になったというよりは、グリッドの両義的な性格に内在していた。その両義性をコールハースは、つぎのように三つのたたみかけるような言い回しによって表現した（傍点はいずれも引用者による）。

① 中立的な見かけにもかかわらず、そこには島の知的プログラムが内包されている。（28頁）

② グリッドによって管理と脱管理の間に新しい均衡が確立され……（29頁）
③ この均衡の中で都市は秩序的でもありまた流動的でもある。（29頁）

どの二つをとってきても相互の区別を持たないグリッドというシステムは、反対に自分自身の存在を主張するブロックを生み出す。コールハースはそのような特性について、「一つのブロック——建築の管理を受け得る最大のエリア——が、マンハッタンの都市的自我の最大単位となるのである」（29頁、傍点引用者）と語った。ここで私たちは「自我」という表現を見落としてはならない。「自我」とは、よそ目にはさほど他との区別の明快でない自分という存在にたいして、自分自身と自分以外のものとを厳格に区別したいという、「自分」の側からの主張にほかならないからである。つまり「自我」概念もまた両義的なのである。そしてグリッドという媒体をとおしてこの町はやがて、マンハッタニズムとコールハースが名づけたところの一種のイデオロギー——それはもちろん王城都市のそれとも、城壁都市のそれとも異なっている——に到達し、やがてそのイデオロギーは「過密」への対応となって結実することになるのである。

【ゾーニング】

おそらくブロックの長辺よりも長くなってしまう高層ビル群の高さは、谷間となった街路の日照をいちじるしく阻害せざるをえなくなる。ゾーニング法とは一九一六年に公布された、その点を打開するための規制法令である。つまりビルがある高さを越えた場合、建物は一定の角度をつけて敷地線からステップバックせよというのが、その主旨である。実際にその程度のステップバックがどれほど効果的だったか疑問といわざるをえないが、コールハースはこの法律を「デザインプロジェクトでもある」（182頁）と位置づけた。つまりこの法律が不可避的にある種の建築デザインを生み出したという意味であるが、そこでたとえばヒュー・フェリスという建築デザイナーなどが「摩天楼理論家」としてとりあげられることになった。フェリスがモノクロームで描いた摩天楼のドローイングは、現実のビルの細部デザインを捨象したきわめて抽象的な絵画であり、それはマンハッタンを覆う一種独特の気分を表していたのかも知れない。

【ロボトミー】と【垂直分裂】

これら二つの言葉は、非連続性という点で共通項をもっている。前者は建物の内部と外部のあいだにある非調和性を、後者は上下の階のあいだの非統一性をさしている。

そもそも建築物は一般に、その目的や機能と外観との間にある種の調和や統一がとれているべきものであろう。とりわけ宗教施設がその筆頭であろうし、政治性をもった建物も時として同様である。だがコールハースは、そのような調和への指向を捨て去ったところにマンハッタンという街が成立していると考えた。ロボトミーとは本来脳外科領域の医学用語だが、コールハースは、マンハッタンの建築家たちが、いわば建築的ロボトミーつまり「前頭葉と脳の残りの部分のつながりを外科的に切除し、感情と思考過程の分離によって何らかの精神の混乱を引き起こ」（168〜169頁）すという意味合いにおいて、「容れものと内容の間の故意の断絶」という手法を積極的に活用したとするのである。

また摩天楼という建物を対象にしたとき、建物を充填している内容物についての均質性や統一性の如何といったことも問題にならざるをえない。数十階におよぶ建物にこのような均質性・統一性を求めたとしたら、それは摩天楼の存立にとって大きな制約になるだろう。その制約をとりはらってしまうという発想を、コールハースは「垂直分裂」とよんだのである。この垂直分裂とエレベーターの発明は、摩天楼の出現にとって欠くべからざる必要条件であった。

そしてここにはもう一つ重要な事実がある。この島には統一的な都市計画がなかったということである。多くの人間（建築家）——有能ではあるが、決して卓越した天才でなく、また他の建物のあり方を一元的に支配する権限も持たない——が、それぞれ施工主の意向にしたがって、与えられた土地に与えられた予算で、与えられた目的のために考案した建物群が共存するだけである。与えられた条件にしたがって建物を設計し、そのなかで精一杯に自分なりの特色を出そうとするだろう。わずかな差異を作りだし、それを強調することによって、自分は天才ではないかと自分に対して高い評価を与え、次の仕事にむかって自分を奮い立たせていく。施工主は施工主で、わがビルこそマンハッタンという街を変えていくほどの中心になるにちがいないと、自分の財力と企画力に満足することだろう。

しかしそうした試みによって、マンハッタンの建物群はどこまで多様になっていくのだろうか。すくなくとも摩天楼群に関していえば、個々の工夫や創造性は互いに相殺され、ある方向に収斂していくように見える。尖塔のような形状をもつ摩天楼か、巨大な岩山のように映る摩天楼のユニットかである。しかしマンハッタン全体としてみるならば、全域にわたって単調な風景がつらなるようにはならなかった。摩天楼はビジネス、ホテル・レジデンスの機能にかぎってあらわれ、その他のエンターテインメント施設や、ショッピングビルは高層をめざすようにはデザインされない。またセントラル・パークのように広大な緑地帯——当然のことながら公園は地面にはりついたままである——も作られた。つまりマンハッタンは異なるデザイン類型をもった建築物群によっておおまかな棲み分けができたのである。

話を摩天楼にかぎってみれば、そのデザインはそこそこに個性（＝多様性）があり、それでもなお全体としては一定の方向をむいている。尖塔というスタイルは、あまりに時代錯誤で趣味がよいとはいいがたい。それは洗練にほど遠い形質である。美しさという点で、私はル・コルビジェの建物とは雲泥の差という印象を受ける。あのサルバドール・ダリが簡単に呑み込まれてしまったほどに俗悪だといってさえよいだろう[5]。しかしその俗悪さは、決してマンハッタンが都市計画的に求めたものではなかったはずである。それは一人ひとりの設計者がそなえていた善意——過密への対応としての多機能化など——や美意識の集積にすぎなかったというべきであろう。

Ⅲ…修辞学

ここまではできるだけコールハースの叙述に即しつつも、私の言葉を付け加えることによって再構成した、過密都市マンハッタンのストーリーである。そしてここからさきは、コールハースの思考法がどのように読めるのか、という解読の試みである。

手はじめに、冒頭でも触れた修辞法について簡単に触れておきたい。ここまでのいくつかの引用から推察されるように、本書はおそらく多くの日本人がなじめないであろうほどに、過剰な修辞法とともにある。過密なのはマンハッタンの建築群だけではないのだ。それは著者が青年期にたたきこまれたであろうヨーロッパ的教養と、脚本家をめざしたこともあるというかれの経歴に帰着するのかもしれない。しかしそれをたんなる文章上の好みとしてではなく、一つの必然性として理解してみることはできないだろうか。そのように発想してみると、建築と著作物とのあいだは、つぎのように簡単な図式で結べることに気がつくであろう。

建築物 ｛ 機能＝＝＝＝論旨 ｝ 著作物
　　　　 ｛ 象徴＝＝＝＝修辞 ｝

永続的な建築物が、容れ物としての機能だけで成り立つことは一般にはない。だからこそ時代々々においてさまざまな様式の建築が生まれてきた。先述したように、とくに宗教的な建築物の場合、そのような象徴性は著しい。さらには近代にあってさえ、ナチズムや共産主義などにおいて、そのはげしいイデオロギー性がそれにみあう建築様式を生み出したことはよく知られている。これらが特殊なケースだというならば、私たちのごくふつうの住宅建築に、家相だとか風水だとかという象徴性のこめられる場面が珍しくないことを想起してみよう。だからたとえ装飾性とか象徴性などの一切を排して作られているように見えた場合でも、それは「一切の装飾性・象徴性を排したように見える」というデザイン上の意図をもっている、というべきなのである。いわゆるモダニズム建築のことである。

いっぽうそれは文章の場合にもあてはまる。文章はどんな場合にも、何らかの伝えたい内容をもっているはずだが、それは文体と無縁ではない。たとえば近代文学はみずからの文体を発見・確立することによってはじめて近代の文学たりえたことは文学史の基本認識である。そして文体とは修辞法の別名にほかならないことは、いまさら指摘するまでもない[6]。

学術的な文章においてもそれは同様である。それらは文学とは別の意味で強く伝えたい意味内容をもっているが、その場合でも主張と文章作法（＝修辞法）とは区別できるものでないだろう。今日のわたしたちは、ともすれば文章の主張と修辞とを別物と考えがちである。しかし日本においてさえすこし時代をさかのぼれば、さまざまな修辞にあふれた文章を探し出すことはさほど難しくない。こんにち一般的な学術的文章の側からの修辞法に対する強い反発は、学術的思考のモダニズム化がもたらした一つの傾向にすぎないといえるのである。

ちなみに建築と言語とのアナロジーは、コールハース自身もたしかに認識していたはずである。さきほどの表現【引用一】を思い出してみよう。

> 針と球はマンハッタンの形態的ヴォキャブラリーの両極端を構成し……（傍点は引用者）

前述したように、「針と球」の比喩はコールハースにとって最重要な意味をもっており、この後もたびたび言及されることになる。そして針と球を建造物のたんなる見立てとするのではなく、「ヴォキャブラリー」というまさに言語上の概念で捉えるのである。こうして、すくなくともコールハースの内部で、建築や建築物について語ることと建築物の図面を引くこととは、本質的なところでつながっていたと解すべきだということがわかる。

Ⅳ…生態学としての物語

マンハッタンで観察された第Ⅱ節のような事態は、自然界で生物たちが作り上げている事態と非常によく符合するように思える。種それぞれ、あるいは個体それぞれの形質をデザインしようとする誰かがいるわけでなく、仮にいたとしてもそれぞれが自らの形質をめざして変化していこうという意思も方法もないのに、集団は一定の方向を向いてゆく。なぜそのようになるのかということについて、俗流進化論的説明を参照するならば、個体のそれぞれがたとえば首を長く伸ばそうとか夜行性になろうとかといったレベルで意思をもち、ついには種全体がそのような形質を獲得していく、といったストーリーがまかりとおっている。

この種のストーリーが生態学として荒唐無稽なのはいうまでもないが、コールハース描くところのマンハッタニズムとは、むしろそのような事態に似ているといってよい。つまり与えられたデザインは存在せず、したがって設計者のそれぞれが自分の思想なり美意識にしたがって外観をデザインすることは可能である。実際にそのようにして個々のデザインは決定されているだろう。

たとえば素材の材質や色合いをどうするかといった点についてである。しかしそのようにして決定されたデザインは、大きな枠組みのなかでの選択でしかないから、モザイクのピースのように、大きな模様のなかにはめこまれてしまって落ち着くことになるだろう。つまりこの場合、個性は大きな流れのなかでのゆれとして現れるのである。

実をいうと、生態学とのアナロジーがコールハースの頭のすみにあった――もちろん全面的にというわけではなかろうが――であろうことは、つぎのようなくだりから明らかである（傍点は引用者）。

今はドームの巨大な鳥籠の中に入っているこうしたシステムは、やがてはマンハッタンを新種のテクノロジーの生息するガラパゴス島に変貌させてゆくだろう。ここには適者生存の新しい一章が、今度は機械という種の淘汰の章としてまさに開かれようとしているのである。（17～18頁）

〈釣り堀〉では、「生きた魚と機械仕掛けの魚」がダーウィンの進化の新しい段階の中で共生している。（71頁）

生態学とのこのような相似性が成り立つのは、ともに一元的な統括者がいないという事態のほかに、いくつかの共通する条件があるからである。そのなかから鍵となりそうなものをあげるならば二つある。一つは閉ざされた島であるという地理的条件、もう一つはグリッド――これはマンハッタンの場合の表現だが――である。

もしこれが無限に広い空間であったならば、マンハッタンには過密の問題が生じないだろうし、生態系の場合には生存競争がおこらないだろう。北米大陸の地図を参照すればたちどころに了解できるように、マンハッタン島からハドソン川をわたってしまえば、そのむこうには無限といってよいほど広大な土地が広がっているのである。それなのになぜか人々は狭い島に閉じこもってしまうことを選んだ。その決断がマンハッタンのすべてを決定したといってよい。実際の事情がこの街の場合にどうだったのかはともかく、一般論としても都市とはつねにそのようであった。どんなに広い平原のまっただなかだったとしても、都市はほとんどいつの場合でも、やがては過密の問題をかかえこむことになるのだ。いっぽう生物たちにとって無限の空間が広がっているならば、ある場所から排除された特定の生物群は別の天地を求めればよい。そこに行けば生存のために競争しなければならない相手もいないし、進化などという手間ひまのかかる面倒な作業も不要だったはずである。けれども島のような――かならずしも文字どおりの島でなくてもよいのだが――場所でなかったなら、自分を捕食しようとする強い敵がいないかわりに、自分の食料となるべき動植物が手に入らないことにもなってしまうから、やはり無限のかつ空っぽの平原では都合が悪いことになってしまう。だから生物世界のマンハッタン化は必然であったし、反対にマンハッタンとは高層ビル群にとってのガラパゴスだったのである。

グリッドがマンハッタンにどのような効果をもたらしたかはすでに述べた。いっぽうガラパゴスではどうだろうか。もちろんここには、道路で隔てられたグリッドは存在しない。しかし生物の種や個体群が固有に生息するニッチはたしかに存在する。ある生物群はある環境をそなえる空間にすみつき、その場所での生活を満喫することになる。そこにいる限りみずからの個体にそなわる属性に応じた環境条件があり、一定の食物を獲得することができ、繁殖することができる。ニッチとは生存を保証する可能性の空間なのだ。

さらにニッチは自然界に過密を実現する仕掛けでもある。生物にとっての空間には、縦・横・高さというういわゆる三次元の広がりのほかに、水・陸・空とか森林・草地・砂漠とかいう環境の違いだとか、広さ・狭さといった制約条件もある。だから自然世界には大地を駆けめぐる獣たちのほかに、空を飛ぶ鳥も、水中で呼吸する魚も、それぞれのニッチを占有している。食べ物についても、種のそれぞれに好みや機能の別があって、それぞれにふさわしい場所をみつけている。巨大な動物は概して勢力の強いものであるが、ウサギが穴にもぐりこんでしまえば、中まで追っていくことはできない。このようにニッチとは棲み分けの空間のことであり、反対に空間は高次元に構造化されることによって、多様で多数の生命体で充満させることができるのである。

だがニッチは、反面で危険に満ち満ちた空間でもある。つねにニッチの境界をこえて外敵はあらわれる。だからといって自分のニッチからの脱出は自殺行為でしかない。一切の外敵を排除した一定空間の独占ができればよいのだろうが、それは地を走り空も飛べてかつ水中でも呼吸でき、大木をなぎ倒すこともできればどんなすきまに潜り込むこともできる、と相矛盾する属性や姿かたちを要求されてしまうようなものだ。つまりあらゆる生物にとって、ニッチとは生存の限界を示す制約にほかならないのである。その意味でガラパゴスもまた無数のニッチによってグリッド化されているのだといえる。そしてこのグリッド＝ニッチこそが生態学上の進化や適応を必要とさせたのである。

Ⅴ…制約あってこその論理

さらにコールハースの依拠した基本ヴォキャブラリー——最小面積、最大容積、高さ、見た目というあれである——についても考えをめぐらしてみよう。もちろんガラパゴスにおける基本語彙は、これらとは似ても似つかぬものでなければならない。それは個体の生存と生殖——もしくは個体群の繁殖——である。この二つの間には共通性も関連性もないようにみえる。しかしじつをいえば、両者は重要な点で共通の基盤にのっているといわなければならない。それは資源の有限性である。

そもそも生物の間で生存競争はなぜ生じるのかと考えてみるならば、答えは一つしかない。ライバルとなる生物仲間のすべてを満足させるほどの食物が、自分たちの周囲にはないからである。少ない食物を獲得すべく、あらゆる場所で生物たちは争い、その結果としてあるものは繁栄し、あるものは滅びていく。繁栄するために、必要とあれば自分自身の形質を変化させることもいとわない。種の単位でおこったとき——個体の単位でおこることはまずありえないのだが——それを私たちは進化とよんできた。だから反対に、すべての生物が生きていくために十分な食物が獲得できるならば、生物たちはいかなる生存戦略も必要としないだろう。まして時間をかけて進化するという手間もかからなかったはずだ。

そして多種多様に分化した生物たちは、先述したように、ひとつの空間のなかに詰め込めるだけ詰め込められる。ここに食物連鎖がうまれて、それぞれの生存が可能になる。食物の有限性を解決する手段として、自然界における生物全体の過密が出現するのだ。

ここでまた過密という概念がでてきた。すなわちマンハッタンのビル群の発展を語る過密の生態学と、生物たちによる過密と進化の生態学とは、このようにして重なってくる。

この考え方をさらに一般化してみたらどうなるか。その論理は経済学にいきつくだろう。経済学にとっての——表にはでないが——重要な前提は「稀少性」である。われわれの社会には、すべての人間の必要や欲望を満足させるだけの貨幣も財もない。不足しているからこそ、人は貨幣と財、あるいは財と財を交換させるのである。また複数のものが稀少な財を同時に必要とするとき、そこに価格の競争が生じてくる。このようにして経済学という学問が成立するのである。

ところで一群の語彙なり概念なりが一定の制約や許容規則のもとにおかれている、という認識は学問を作りあげていくうえできわめて重要な役割をはたす。コールハースはいみじくもそれを「公理」と呼んだ。

メトロポリス文化の本質が変化——つまり絶え間のない運動状態——にあり、そして概念としての「都市」の本質が、誰にも読み取れる複数の不変項のつらなりにあるとするならば、このとき囚われの球を持つ都市の基礎をなす三つの基本公理——グリッド、ロボトミー、垂直分裂——だけがメトロポリスの領土を建築に取り返してやることができる。（490頁、傍

点は引用者）

ここで読者は、本書の冒頭にもどってこなければならない。コールハースは本書の目的をつぎのように言明する。

理論上のマンハッタン、論理的推論の産物としてのマンハッタンを描き出す。（12頁、傍点は原著のまま）

すなわちコールハースは、「現存の都市はこのマンハッタンなるものの妥協的にして不完全な実現」でしかないとし、「完全なるマンハッタン」は「論理的推論によって再構築」（以上12頁）されるのだという。

数学における公理とはまさしく数学上のアイテムに与えられた制約ないしは許容規則といってよい。たとえば

直線外の一点をとおって、直線に平行な直線をひくことができ（＝許容）、それはただ一本に限る（＝制約）。

といったごとくである。[8] 幾何学はこうした公理を出発点として構成される学問であるし、これが

なければ幾何学は不可能である。より一般的に言い切ってしまうならば、こうした制約あるいは許容規則こそがあらゆる学問的論理性にとって最初の契機となるのである。

公理のその性格を確認したところでコールハースにもどってみれば、なぜマンハッタンは生態学の言葉でも語りうるのか、その理由がわかるだろう。垂直分裂、ロボトミーの概念は、そこになんらかの建築空間を作ろうとするものに対して許容と制約の両方を提供する。そのなかでなら外部と無関係に何でもできるし、外部には決して出ていくことができない。その性格はもう一つの公理、グリッドについても同様である。道路という外延線に建物の外枠が強制されることで、過密への対処はより効果的になった。つまりこれらの基準によって形成される空間は、じつにその環境の居住者にとってのニッチにほかならなかったのである。

VI…終わりに

ここまでの読解で終わってしまうならば、民俗学研究者としての私が直接に得られるものは、あまりないかも知れない。そこで最後に考えておかなければならないのは、私の学問領域に適用するなんらかの可能性はあるのかどうかということである。

たとえば私が住んでいる高田の町に目を転じてみよう。高田は近世の城下町である。そして城下町は一般におおざっぱではあれ、それなりの都市計画のもとに作られた。町のエリアは大きく武家屋敷町と町人町に二分され、そのほかに寺町が設定されることもある。町人町エリアは他の二つのエリアくらべればはるかに過密である。外につながる道があり、道の両側には町家がつらなっている。住宅地の間口はせまいところで二〜三間ほどしかないが、奥行きは五〇メートル以上にもなる。この敷地いっぱいに住宅が建てられ、互いを隔てる壁はほとんど共有といってさしつかえない。いわばマンハッタンのグリッドにも似た敷地上の制約があるのだ。マンハッタンでは過密への対処として上に伸びていく余地があったが、木造家屋しかない城下町で上方空間の利用はほとんど望めない。過密への対処法は、そのかわりに隣家との密着した壁である。各家屋の新陳代謝の速度は相当なものであったろう。木造家屋自体の寿命の短さに加えて、火事があれば複数の家がいちどきに類焼してしまうからである。消防が十分な力を持つまでは、このような状況での消火は破壊でしかなかった。近代にはいれば、そして大都会であれば、不燃都市化をめざすことも可能であったろうが、地方小都市ではそれを望むべくもない。現実的な方途はむしろ、可燃都市としての思い切りであったろう。燃えてしまうという覚悟を前提とした都市のありかたはありえないのか。そんななかで町家に新しい様式が生まれ、町じゅうに広がっていく、そうしたありさまを町家の生態学として描くことは十分可能なように思えるのである。しかしその可能性を論じる準備は、いまの私にはない。他日を期してひとまず本稿を閉じることにしたい。

注

（1）日本語版は1995年、筑摩書房から刊行された（鈴木圭介訳）。その後1999年にちくま学芸文庫に収録された。本稿で参照しているのは、ちくま学芸文庫版である。

（2）コールハースがこれらの議論への接続について明示的に書いているわけでは、もちろんない。暗示的に意図しているのでさえない。あくまでそれは私の読解の結果なのである。冒頭の一文はそのことを意味している。

（3）日本では一般にアベニューを「〜番街」、ストリートを「〜丁目」と呼んでいる。

（4）たしかにマンハッタンにも「下（Downtown＝南）」とか「上（Uptown＝北）」といった呼び方はあるが、それは王城都市におけるような秩序ではなく、地図上のたんなる方位にすぎない。

（5）1930年代なかば、建築家のル・コルビュジェと画家サルバドール・ダリがともにマンハッタンに大きな関心をいだいたという。コールハースはこのエピソードに本書第Ⅳ部のすべてをあてた。といっても、二人の接近方向はまったく正反対であった。ル・コルビュジェが自分の美意識に反するものとして、マンハッタンの建築計画をよりコルビュジェ的に改造しようと意図したのに対し、ダリはいわばよりダリ的なものへの発展をもくろんだといえそうである。そしてル・コルビュジェの企図は長い時間をかけていくぶんかは成功したといえそうであるが、ダリのほうはかならずしもそうではなかったようである。あるときダリは五番街のショウウインドウの飾り付けを依頼され、いかにもダリ的なデコレーションを創りあげた。しかし「ダリが――真夜中にようやく飾りつけを終えて翌朝――自分のマニフェストの衝撃度を白日のもとで試すために戻ってみると、燃えさかるベッドはきれいに撤去され、裸のマネキンには覆いがかけられて、内部の淫らなヒステリー状態は抑圧されている」（451頁）という有様だった。怒り狂ったダリは暴れ回り、あげくにはその罪によって逮捕されてしまったのである。いずれにせよマンハッタンの造形を主導しようとしたかれらのもくろみは、マンハッタンによって慇懃に拒絶された、とコールハースは総括する。

（7）生態的地位。生物の種や個体群が占める特有の生息場所。（『広辞苑』）

（6）ここでは必読文献として、佐藤信夫『レトリック感覚』（1978）、『レトリック認識』（1981）の2冊をあげておきたい（いずれも講談社学術文庫に収録）。レトリック技法に関するすぐれた概説書であるばかりでなく、それらが文章表現そのものにたいしてどれほど本質的な役割をはたしているかを、豊富な文章例をあげて実証している。

（8）ユークリッド幾何学において平行線公理とよばれる。ただしユークリッドの原典では、これとはことなる表現がとられた。

【付記】本稿は、私が加わっている小さな研究集団「プロジェクトＢ１１０」での討議で得られた着想に基づいている。

Ⅱ…思考法の原点

書評『巡礼の文化人類学的研究

四国遍路の接待文化[1]』

Ⅰ…本書の内容

このところ巡礼という宗教習俗のみならず、巡礼研究もまたかつてないほどの盛行にむかっている。巡礼に関する大作・労作といってよいほどの研究書が、ここ数年に一冊といえるペースで世に問われているばかりでなく、大学等においても規模の大きな巡礼研究プロジェクトがいくつも進行中のようである[2]。それも従来のように歴史学や宗教学、民俗学などの分野だけでなく、教育学分野にまでウィングを広げようとしているところに、着実かつ意欲的な発展をみとめることができるであろう。今日の巡礼研究はほとんどが四国遍路に関するものである点で共通するが、それは巡礼をたんに歴史のかなたにおかれた記念遺物としてではなく、いまここで宗教習俗としての生命力をもち、動き続けている巡礼習俗に関心がむかっていることを反映した結果といえよう。そして本書もそうした動向のなかで試みられた研究の一つにほかならない。なお本書は慶應義塾大学大学院社会学研究科に提出された博士論文がもとになっている。

本書の構成をまずかかげておく。

序章において著者は、本書のよってたつ立場を二つの点にまとめる。一つは巡礼を多義的に捉えるということ、二つ目は「巡られる」ものの立場から巡礼を捉えたいという視点である。多義的という言葉はここで日常的実践とセットになって使われる概念である。つまり宗教者としての巡礼者、あるいは宗教施設を運営する札所寺院の立場にたつならば、理念的には宗教的な目的をはたすために巡礼という行為がどのように機能するかという点に収斂していくはずのところを、日常性にたつ人々、とりわけ巡礼者を迎える道筋の人々を中心に見ていくことによって、巡礼は他にさまざまな意味を持ちうるという意図なのであろう。本書の副題にある「接待文化」という言葉はこの方法に対応したもので、巡礼者を接待とよばれる習俗によって処遇する人々の視点にたつということを意味している。もう少し具体的に本書の目的をいうならば、「四国遍路において巡礼者がどのように認識され、解釈され、知識化されているか」（40頁）という問いにほかならない。

　以上の目的を確認したうえで第一章の研究史記述を割愛し、本書がめざすものにむかって、本書で試みられている議論の道筋を大急ぎでまとめておくことにしよう。

　第二章で論じられるのは、タイトルから想像されるような巡礼の歴史的展開ではなく、一つはある巡礼功徳譚の変容、もう一つは遍路宿の歴史的変遷である。本書の展開にとってより重要なのは後者の問題で、遍路に宿を提供する旅館等によるミクロな経営戦略と、地域社会における経済事情の変化とがあいまって消長が生じる問題をトレースしたものである。遍路にとって宿泊は大きな問題であるが、ここで取りあげられたのは旅館として営業していた小規模な遍路宿に限られる。しかし大型観光バスの導入をともなう団体参詣の隆盛は、宿泊事情にも新たな状況をもたらしたはずである。従来、遍路とは別世界に存在していた観光旅館や、札所寺院が経営する宿坊と称する宿泊施設の登場である。本書の議論ではそこまで及んでいない。

　第三章で考察されるのは、簡単に言えば遍路たちが行動する地理的範囲の問題である。一般的通念で考えれば、巡礼とは霊場を構成する札所寺院をめぐる宗教行動であるから、その行動範囲は札所といわゆる遍路道沿いに限られるのが原則といえるはずである。しかし実態はけっしてそうではなかった。どう考えても不合理な場所にまで、多くの遍路たちは出没していたのである。著者はそれを遍路による乞食行為と、それに応ずる接待という地域側の行為の相補的関係によるものという結論に至った。そして著者はここで「乞食《こつじき》圏」という概念によって遍路の行動様式を位置づけようとするのである。

この章は本書のなかで、最初の山場といってさしつかえない部分だろう。巡礼を多義性という観点から捉える方向性が表れてくるくだりだからである。本章第三節「遍路道をはずれた遍路たち―調査結果―」では、徳島県のある地域における札所ではない寺院に残された過去帳から遍路死亡者と思われる名前を洗い出し、第四節「四国遍路の歴史人類学的考察と『乞食圏』」ではその考察を行う。著者のたてた想定とは、遍路道沿線の社会だけでは托鉢（実態としてその大部分は物乞いである）の総量に応えるだけの経済力をもたず、つまりは需給のアンバランスが乞食圏の広がりをもたらすのだ、というものであった。

Ⅱ…全般的な評価

第三章の議論展開は周到であって、主張は基本的に首肯できるものである。巡礼はたんに宗教行為の範疇におさまるものでなく、少なからず経済行為でもあるという多義性が論証されるからである。だが本章を読みながら、評者はいくつかの疑問を打ち消すことができない。その一つは、本章の目的が新しい事実の発見にあるのか、その実証にあるのか、それとも「乞食圏」という新しい概念の提示にあるのか、というあたりがつかみきれないという点である。率直に言えば遍路が遍路道を逸脱していく傾向はすでに十分知られていたことであった。しかしそれをある地域で集約的に実証したという研究はこれまで確かにないものであったろう。けれども実証したというだけならば、これをことごとしく「歴史人類学的考察」などと銘打つまでもない。さらにそれを「乞食圏」という著者独自の語法で語り直してみたところで、そこからどんな展開が待っているのかが鮮明に見えてきたとはいいがたい。疑問点の二番目は、乞食や托鉢のために遍路道をはずれる遍路という存在が、今日どれほどの重みをもつかという点に関するものである。著者は乞食圏が時代を超越して固定したものでないということをたしかに言明している。そして昭和三〇年代まではならば、確実に存在していたということについても確認した。しかしそれはきわめて限られた状況であっただろう。たとえその時代にさかのぼって考えるとしても、その時代はすでに遍路道をはずれる遍路の主たる要因は「乞食・托鉢」から別のところに移っていたといってよい。まず、公共交通機関の利用にともなう遍路道からの逸脱が一つ考えられよう。二つ目には、番外札所の存在である。四国遍路霊場にとってこの番外霊場という存在は解明のむずかしい問題である。多くの寺院が札所の奥の院と称したり、あるいはまったく無関係な理由――その寺院の来歴や住職の宗教体験など――によって番外霊場を自認した。しかもそれは固定したものでなく、時代々々によって消長をくりひろげてきたし、たぶんそれは今日まだ続いている。八十八の札所寺院群はそれらを規制したり管理したりすることはできなかったから、遍路たちはそれぞれの理由によってそれらの番外札所にも足を伸ばしたであろう。番外札所は四国遍路の宗教性を考える上で欠かせない存在である。今日的にはむしろこのような事態のほうが考察に値すると考えるのであるが、いかがであろうか。

第四章は、いわば「乞食遍路」に関する歴史の再構成である。一つには土佐藩の史料から近世における遍路取り締まりの実態が考察され、「辺路体の者」という境界状態にある遍路の存在があぶりだされた。そして次には明治にはいって近代社会のもとで、また別の排除システムが動き出すということが論じられた。

それらの議論を踏まえたうえで論じられた次の第五章が、著者の論じ方の特色が典型的に現れた章として、評者にはもっとも興味深かったことをまず述べておこう。本章は最初に、四国において遍路という存在が語られるその語られかたをフォークタームにしたがって分類するならば、ヘンロ（普通の四国霊場巡拝者）とヘンド（物乞いに近いような人）の二種類があるとする。ここまでは研究史をあらためてひもとくまでもなく、よく知られた知識であろう。著者はしかしそこから一歩踏み出して、それらのことばがどのような文脈でどのように語られ、あるいは使い分けられているかを探ろうとした。たとえば新居浜郷土史談会のメンバー一〇人ほどが遍路について議論した座談会にもとづき、ヘンロとヘンドの差異認識がどのようになされているかということについての分析がある。著者はその見解を次の三点にまとめた。（1）遍路に対する呼称には、大きく「オヘンロサン」と「ヘンド」の二種がある。（2）両者を区別する指標は多種あるが、後者に対する認識は大きく揺れ動き、巡礼者であるということに対して懐疑のまなざしが最後までぬぐえない。（3）ヘンロにはしばしば「本式の」「本当の」「正式な」「普通の」といった形容詞が結びついて語られる。つまり外延が明確に認識されるのは前者であるにもかかわらず、表現のレベルではむしろそちらのほうに一定の形容詞が必要とされざるをえないという、なんともパラドキシカルな事態が生じてしまうのである。あるいは巡拝者に接待を行う際に、どのような順序を追ってヘンロであるかヘンドであるかの区別に至るのかということについて、いくつかの段階に区別しながらその「認識のチャート」を分析しようとした節もある。ただ重要なのは、そのようにして相手がヘンドであるというネガティブな評価にたどりついたとしても、そのことによって直ちに排除されてしまうわけではないという点である。別の状況において著者は「それは、信心の世界だもんね」（379頁）というある話者の言葉を引用するのである。

Ⅲ…著者の視点を巡る考察

まだ第六章への言及がすんでいないのだが、ひとまずここまでの検討に入りたい。さきに書いたように、この章が全体の核になる部分だと評者は考えるからである。

すでに述べたように、本書は巡礼をたんに文化人類学的に研究するというにとどまらず、「接待」という行為を切り口に論じるというところに主目的がおかれていた。その目的に沿うべく、著者は四国遍路という宗教習俗を「遍路という特定の意味性を付与された他者を送り込む装置」（5頁）と捉えるとしている。この規定は最初に序章で表明され、第五章で再び繰り返される。第五章が核であると、評者が考える所以である。さらにこの習俗を多義的に捉えたいとしていることについては、すでに触れたとおりである。

その「多義性」の問題からさきに考え始めてみよう。この言葉の内容について著者が明確に語っているわけでないが、おおむね次のようなことが想定できるだろう。〈1〉四国霊場を巡拝する遍路の属性がさまざまである。〈2〉一人の遍路からうけとる情報が、接待者の側の属性によってさまざまである。〈3〉一人の遍路からうけとるものが、一人の接待者の側にとっても一つに限定されない。つまり全体として、接待者と遍路との対応関係が、多対多（もしくは一対多）、多対一、一対一、というふうになるだろう。著者は「多義性」という概念について、従来の巡礼研究がその宗教的側面に焦点化してきたのに対して、その多義性に注目しなければならないといい、本質論的解釈や一元的理解という理解方法に対置させるのである。しかし右のように分析的にみるならば、一口に多義的と言い切ってしまうことにも問題が残ってしまうことに気がつくにちがいない。そしてふつう、多義的とは誰かにとってその義が多様であるという意味でもちいられることが多く、たんにそのあり方が多様であるということとは区別されるであろう。つまりさきの〈3〉あるいは〈2〉においてこそこの語はふさわしく、〈1〉についてはむしろ多様性と言ったほうがよい。そして本書においては「多義性」と言いながらも、実際にはどちらかといえば〈1〉の意味あい、すなわち「多様性」という文脈で登場してくることのほうが多いように思われるのである。

もちろん遍路属性の多様性に注目するという視点自体はきわめて重要なことに違いない。それどころか、評者はむしろその観点が不十分なところに、本書における議論の限界があるのではないかと感じている。言いかえれば、著者の議論がヘンロ対ヘンドというところに過度に収斂していると考えているのである。

たしかに四国遍路習俗へのアプローチを歴史的様相に限るならば、乞食遍路の存在にくわえて信心と遊楽との対立を加えるといったあたりがせいぜいであろう。それ以上のバリエーションがあったとしても、それを史料のうえで追跡することにはおのずから限界がある。しかし今日の遍路ははるかに多様化しているし、その現実にみあって、遍路への対応もまた多様化している。あるところでは遍路の宿泊も可能な遍路屋の建設を計画し、行きずりの遍路たちの協力を得ながら完成にこぎつけたものの、諸般の事情により、その遍路たちを排除するという運営に追い込まれたという。また最近、伝統的な善根宿とは少し異なる形態で宿を提供する人々が少なくないが、そこにしばしば従来の接待観、つまり遍路を御大師様とみたてるのとは異なる対応が生まれることが見られる。さらに著者はヘンロに対立する存在としてヘンドつまりいわゆる乞食遍路のみを想定しているが、そうした伝統的な理解だけではすまない放浪遍路が、近年では少なくないともいう。彼らはたとえば種田山頭火のように、永遠に放浪し続けることを自ら選び取った遍路たちだといってよい。あるいは定年後のいわゆる自分探しとしての遍路とか、若者による体験的な遍路であるとかいった、これまでにはなかった人々が参入してきており、インターネットをとおして大量の情報がゆきかうといった状況までもが生まれつつある。著者はもちろんそうした状況について熟知しているのであろうが、本書ではそうした側面についてはまったくといってよいほどに言及されていない。

本書におけるテーマが歴史的なヘンロ対ヘンドの図式解明にあるのだと割り切るならば、それはそれであえて異を唱えるにおよばないのかもしれない。しかしいっぽうでこれらの新しい状況は、著者のもう一つの基本姿勢とは無縁でいられないだろうとも思われる。

その点にふれる前に、さきほど引用した「装置」云々という規定について考えてみたい。それは遍路と遍路を迎える者とを対置させ、その後者に考察の照明をあててみるというにとどまらない、著者のもっと深い姿勢が現れていると考えられるからである。すなわち著者の視点において遍路とは、ただたんにそこにいるものではなく、視界の向こうから立ち現れてくるものにほかならないのである。だから「私」の目の前に突然現れた遍路らしき人物は弘法大師への信仰に導かれ、四国八十八の札所を巡る「本当の」遍路であるのか。自分に対して托鉢を求めているのは、その信仰のゆえなのか、それとも遍路のいでたちは金品を求めるための方便にすぎないのか。そういった判断を遍路に向かい合う「私」はせまられているのである。著者が論じた一つの事例によれば、ある遍路はあるときまではたしかにヘンロであった。しかし時間の経過とともに遍路のほうの態度が変化してゆき、それとともに「私」の認識はヘンドのほうへと変わっていった。著者のもくろみは、そうしたあるゆらぎをいやおうなしにともなう判断がどのようになされるのか、ということにあったのだろう。また、判断はその「私」が何者であるかによってことなることもある。別の節では、ある一人の遍路に二人の接待者が同時に向かい合いながらも、接待者の側の受けとり方によってヘンロかヘンドかという判断が分かれたという事例を分析している。まさしく遍路は「多義的」に立ち現れてきたのである。そしてそのとき遍路それぞれの客観的な属性は、「私」の判断とは直接に結びつかないといってよいだろう。

しかしここから二つの問題が発生してくるはずである。一つは、以上のようないわば方法論的個人主義に立脚したとき、乞食遍路の実態および彼らへの対応のマクロな考察である第四章までの内容は、第五章への準備段階でしかなくなる。もちろんそれがいっさい不必要であったなどというつもりはない。しかし叙述の手順としては、もっと別のくふうがあってしかるべきであったという批評は許されてよいであろうと、評者は考える。

そして二つ目は、さきほど述べた、遍路のマクロな多様性との関連である。遍路の属性がいかなるものであるかは、ほんとうにこの判断に対して無関係なものなのだろうか。著者の分析枠組みにおいて「私」が判断すべきは、相手がヘンロであるかヘンドであるかということに集約されていた。つまり信仰目的で歩いている「本当の」遍路と乞食遍路の二種類しかこの霊場にはいないという前提での分析なのである。けれども遍路の属性が今日のように多様な広がりをもってきているとき、そしてそれを「私」の側も知ってしまったとき、二者択一の判断ではすまないことになるはずだろう。目の前に立っている遍路は、最近出没していると話にきく現代的な放浪遍路なのかもしれない。乞食遍路が日常茶飯事に歩いていたむかしならば、それなりに気持ちの準備も受け方の構えもあった。しかし今さらそんな者が現れたとしたら、どのように対処してよいのか見当もつかない。もしかしたら大変な危険にまきこまれないとも限らないし、反対に昨今では奇特な尊敬すべき遍路なのかも知れない。そうした微妙な判断のゆらぎは、歴史資料の発掘や過去の経験に関するインタビューなどではとうていさぐりえるものではないだろう。文化人類学という、著者によって選び取られたアプローチ手法は、そうした問題設定にたいしてこそ、より有効性を発揮できたにちがいないと、むしろ評者は考えるのである。

残しておいた第六章について、最後に簡単に触れておきたい。この書評でなぜあえて最終章に触れなかったかということの理由――紙幅の制約は別にしても――に、読者はもう察しがついているかもしれない。方法的にみればこの章は第五章に連続しているといえるが、本書副題でもくろんでいたテーマ全体に対してみればこの章はかなり異質なのである。内容的には、ある女性遍路の内面に肉薄しようとするきわめて意欲的な章であったし、巡礼論としても重要な論点を含んでいるといってよい。しかしそのおさまりの悪さに対する著者の思い切りはいささか不足であったと言わざるを得ない。そしてこの書評における評者の関心からはやや外れていたからだという評者の弁解にもならない弁解を、ひとまずは海容願いたい。

以上、かなりの偏りと不十分さを承知の上でコメントしてみた。本書で試みられた方法は、巡礼研究はもちろんのこと、宗教研究一般についても相当に異彩をはなつものであった。未完成部分も少なくないが、その可能性は決して小さくない。本書評で言及した巡礼の現在を視野にいれつつ、その洗練に向かっていかれることを切に望む次第である。

注

（1）対象書物の書誌情報をあげておく。
浅川泰宏著　２００８年２月28日刊　Ａ五判４５７頁（他にまえがき、目次13ページ）　古今書院　８３００円（税別）

（2）評者の知る限りでは、早稲田大学で「道空間研究会」が、愛媛大学で「四国遍路と世界の巡礼研究会」が、鳴門教育大学で文部科学省の現代的教育ニーズ取組支援プログラムの一環として「遍路文化を活かした地域人間力の育成」というプロジェクトがそれぞれ進行している。

【付記】　本稿は本書に収録された他の文章とは少しばかり性格が異なると映るかもしれない。他の文章が、たとえ特定の学術書や論文を素材としていたとしても、他方では多少なりとも議論の一般性・普遍性を目指しているのに対し、小文は一つの学術書を対象とする批評＝書評として書かれたものだからである。ただ本書最初の収録論文「社会学論文のエスノメソドロジー」の冒頭で、書評とのかかわりについて触れたくだりを思い出してほしい。本稿はいわば、そこで語ったことの一つの実践なのである。だから本稿に関してはあえて、積極的にテーマを語るタイトルを付さなかった。

「仏教と民俗」あるいは「真宗と民俗」という問い方

I…仏教と民俗の〝親和性〟にかかわる課題

二〇〇七年一〇月六〜七日、京都の大谷大学を会場に開催された日本民俗学会第五九回年会では、初日に「仏教と民俗」と題されるシンポジウムが、二日目にはその延長として「真宗と民俗」という小シンポジウム(1)が企画された。まことに会場校の性格にふさわしいテーマ(2)であったといえる。私は初日のシンポジウムにはフロアの一般聴衆として、二日目のそれにはコメンテーターとして参加することになった。小稿では、この二つのシンポジウムを通して抱いた私の考えを若干述べてみたい。

初日の「仏教と民俗」では三人の論者から問題提起があった。提起者とテーマタイトルだけを紹介しておくと、小嶋博巳「めぐりの聖化―巡礼と仏教・民俗―」、小栗栖健治「地獄絵に描かれた仏教習俗―供養と救済の変遷―」、阪本要「念仏踊りにみる仏教と民俗」の三本である(日本民俗学会2007)。個々の研究報告はまことに興味深いもので、私自身の勉強になるところは少なくなかった。したがって論じようとする問題は、ここで報告された個々の事象なり論者たちの意見なりにあるわけではない。三人から一通りの提起がなされたあと、いつものように会場に質問紙がまわされたので、私はその用紙をとおして一つの問いかけをした。いまそれを正確には思い出せないのだが、おおむね以下のような内容だったと記憶している。

このシンポジウムに通底している基本認識は仏教と民俗を結ぶ、かなりの程度の親和的な関係なのではないのか。一般論としても仏教民俗論は、どうも仏教の側にある民俗に対する親和的な部分をことさらに取り出して、両者の関係を論じようとする傾向があるように見えてならない。言葉をかえるならば、民俗学が仏教を論じようとするとき、いつも仏教のごくせまい部分しか目に入っていないように思えるのである。仏教民俗論の広がりをどのように見通したらよいのか、この場を借りて論者たちにその考え方を示してもらいたい。

このときはまだ私に確たる意見、とりわけ仏教と民俗の間の「親和的な関係」という表現の意味内容や、その概念がもたらす意味合いについて、明確な見通しがあったわけでなかったことは率直に述べておかなければならない。ただ、巡礼、地獄絵、念仏踊りといった、いかにも民俗学が好みそうな素材だけがこの場に提示されていたことに対する漠然とした違和感が、そのような質問をさせたにすぎなかった。

この点について少しばかり補足しておくならば、今日の文化において仏教は、はたして右のような素材で語られる宗教として受容されているのかどうかという問題である。むしろ仏教は死者供養を別にするならば、たとえば古寺・古仏に対するあこがれに似たような感情だとか、仏像、絵画、庭園、芸能、行儀作法、料理、茶の湯などを通して強く働きかけてくる美的側面だとか、もう少し切実な面では説法などを通して説かれる死生観や処世観の源泉として受け入れられているといったほうがよいのではないだろうか。もちろん、それは民俗ではないとして切り捨てるという選択もありうるであろう。しかしそうだとするならば、私が直感した「親和的な」仏教事象群のその先にどのような地平が開かれているかを明確に示せるのでなければ、仏教民俗論もまた、少なからぬ民俗学が既にそうであるように、忘れられかけた習俗に関する蘊蓄の学問に落ち込んでしまうしかないであろう。

しかし残念ながら当日のシンポジウムにおいて、私の疑問はほとんど深められずに終ったようである。それは第一に質問紙という方法上の制約であったろうし、時間の制約に縛られたからでもあったろう。だが何よりも、私の違和感がさほど切実なものとして会場全体で共有されなかったためであったからにちがいない。そこでこのフォーラム[3]という紙面を借りて、そのおりの私の疑問をもう少し深めてみたいと考えた次第である。

さて、以上の印象は翌日の小シンポジウムにおいて少し別の形でくりかえされ、それとともに少しずつ鮮明にもなってきた。小シンポジウムの内容について、これも提起者とテーマだけをあげておきたい。蒲池勢至「真宗民俗の位相」、松金直美「近世後期における真宗の講とその由緒形成」、本林靖久「真宗門徒の墓制と宗教世界観」、木場明志「近代の教団再編と民俗」、西山郷史「法義相続の諸相―講・御消息を中心に―」（日本民俗学会２００７）。

ここで少しばかり脇道にそれて、民俗学における真宗への関心の持ちようを概観しておくならば、

A類　真宗への無関心
B類　真宗地帯における非真宗的要素の摘出
C類　真宗そのものの民俗性への関心

というふうに整理できようかと考えている。(4)すなわちA類——同時にそれは研究史上の第一段階でもあった——においては、その存在を無視する、あるいは避けるというあり方があった。今日の入門書などにおいても真宗地帯を想定した民俗について触れることはほとんどなく、あるいは特に強い問題意識でもない限り調査地として選択されることもあまりないように思われる。

だがそのうち徐々に一部の研究者から挑戦が試みられるようになり、たとえば蓮如忌習俗の背後に非真宗的な春の山遊び習俗の存在をみてとろうとするような方向性が生まれてきた。同時にその一方で、どれほど濃密な真宗地帯であろうとも注意深く調査を進めるならば、かならずそこには少なからぬ非真宗的民俗が存在しており、たとえ真宗の家庭においてさえ、さほどの葛藤なしに共存しているという事実の発見もあった。つまり真宗の浸透はかなりの程度に限られた局面にとどまっているのだという認識の提唱（前記B類）でもある。ともあれここではじめて真宗へ

の必ずしも消極的ではない——同時に必ずしも積極的とは言い難い——関心が生まれてきたといえる。ただしそれはあくまで従来の民俗学の枠組みを維持しようとする指向の上に成り立つパラダイムであった。

今回のシンポジウムにおいて、木場は真宗と民俗に関わる研究史について、「諸宗儀礼との習合により変形した門徒宗教習俗における基層・淵源の指摘」たとえば先の蓮如忌とか魂合参りなど（第一類型）と、「宗派が明確化する以前に門徒に取り込まれた非真宗習俗」たとえばオソーブツなどの研究（第二類型）、という二つの類型を設定した。木場の視点はあくまで真宗の側からのものであるから、さきの私の分類と必ずしも整合はしないのであるが、ともに異文化の重層もしくは異文化接触の問題と捉えるならば、決して矛盾したものではないと考えられよう。

そして次に、これに続く研究類型がある。木場の表現を借りるならそれは「真宗門徒特有の宗教習俗の調査・分類による『特有性』の民俗学的解釈」（第三類型。私の前記分類のC類に相当するといってよい）となる。木場は具体的な対象として無墓制や（真宗における）講などをあげているが、そのほか墓制に関しても墓上植樹や火葬の卓越、本山等への納骨習俗など、特徴的なものは私の知識の範囲においても決して少なくはない。またたとえば民俗学における仏教的な講行事は一般に寺院と無関係に維持されていることがほとんどであるが、真宗においてはそうでない。むしろ寺院の関与の度合いが非常に強く、在家での講行事には何らかの形で寺院が関わってくるのが普通なのである。すなわち真宗において民俗が存在しないとか希薄であるというのは大きな誤解であって、それらの多くが宗門という枠のなかで民俗化されているためにそう見えるにすぎない。

ここで私が注目したいのは、私の分類によるB類とC類の違いの意味するところである。B類においては真宗は、必ずそれと異なったものとの対比のうえで観察がなされる。あるいは異なったものが真宗に対してどのように働きかけているかということが論じられる。これを一種の比較といってよい。しかしC類においてはそのような対照群がない。それがそうあるべくしてそこにあるという、そのもの自体への関心が中核に置かれているのである。

そのように考えてくると、ここで民俗学における二つの対照的なパラダイム、比較研究法と個別分析法を思い起こさないわけにはいかない。個別分析法もまた比較、つまり異なるものどうしを比較対照するという視点をうち捨て、歴史的にせよ構造機能的にせよ、そこにあるもの自体を対象とするのだ。すなわち真宗研究における三番目の視点は、まさしく民俗学一般における個別分析の方法にのっとっていると言えるのである。

以上のような経過をたどった研究史をあらためて振り返ってみるならば、つまるところ真宗の〝異質性〟をどのように位置づけるかということをめぐる動向であったと言えそうに思える。真宗門徒の宗教生活は他宗派の宗教性と一線を画しており、それゆえに民俗の生成維持についてもやはり同様であったと一般からは理解されている。「門徒もの知らず」ということわざはそのような認識を表現したものとされている。民俗学は最初のうちこそそうした一般的理解（A類）にからめとられていたものの、やがてその異質性は決して絶対的ではないこと、従来の民俗学の枠のうちで解ける性格（B類）のものである、という理解を深めるようになった。そして次の段階では、その異質性そのものさえもパラダイムのなかから消し去るという方向（C類）に進んできた。

つまり総じて言えば研究者たちは、真宗といえどもいわば普通の宗教に属するのだ、という感覚を手に入れてしまったのである。

しかし私には、どうもここに見過ごすことのできないパラダイム・ミスティクがあるように思えてならないのである。ある異質性を研究者のレベルで解消することができたとしても、それはあくまで研究上の理解がもたらしたものにすぎないのであって、その事象に直面している当事者にとってその異質性が消え去ったことにはならないだろう。今日たとえどれほど濃密な真宗卓越地帯に生活していようとも、真宗門徒にとってその宗教は相対的な位置にあるにすぎない。どこに行っても真宗と非真宗の接触はおこり続けているはずであり、したがって真宗門徒にとっても非真宗門徒にとっても、自分自身の宗派とどこかしらで異なっているという認識はかなり強固に維持されているに違いない。他宗派から真宗の家庭に嫁いだ女性が、煩雑な仏教行事の連続に音をあげるといったありさまはいまでも普通のことであるし、その反対のケースでは寺院との頻繁なつきあいに神経をつかうといったこともよく耳にする。日常生活における寺院の占める割合が、真宗の場合は他宗派にくらべて格段に濃密なのはたしかな事実である。

このように外部の目にも明らかな違いは、ほかにいくつも数え上げることができる。たとえば他宗派の法会で檀徒たちは単なる受け身の参加者でしかないのが普通であるが、真宗においては親鸞の作になる『正信偈《しょうしんげ》』を全員で唱和するという形で不可欠の構成者として参加する。だから『正信偈』の唱和は真宗門徒であることを自分自身で実感する大事な機会になっているといえる。二つ目にあげたいのは法話である。他宗派においても近年これを積極的に行なうようになってきたが、そこには真宗からの影響が大きいと察せられる。だが真宗においては寺の法会であろうと在家での講であろうと、最後には必ず僧侶による法話が行なわれる。長ければ一時間に及ぶこともあるから、真宗僧侶は常に法話の題材を考えていなければならない。門徒にとって法話のうまいへたはその僧侶を評価するための大事な基準なのである。もちろん法話は経文と違い日常の言葉で語られるから、その内容はよく理解できるはずである。真宗とは難解な経文ではなく、ごく日常の言葉で理念を説こうとする、仏教としてはむしろ例外的な性格をもつ宗教だといえよう。その言葉で説かれる教えについていえば、三番目に「御文」とか「御文章」とか呼ばれる文章の存在がある。中興の祖とされる蓮如の書簡集である。これも多くの法会で僧侶が門徒に読み聞かせるものではあるのだが、しばしば在家の門徒がみずからそれを読む機会もある。法会でも住職が呼ばれない場合とか、自宅での勤行の際などである。人々はこうした機会を通してみずからの真宗的人格を形成していくといってよい（渡部２００７）[5]。

Ⅲ…真宗の異質性

また近代の宗教史学において、真宗を含む鎌倉新仏教がきわめて特権的な地位を付与されていたことは周知であろう。いっぽうそれに対し一九六〇年代以降の顕密仏教論の枠組みにおいて、真宗は別の意味合いで特異性を付与された。むしろ顕密仏教こそが歴史上に卓越性を保持していたのであって、真宗は傍流的な新宗教群（鎌倉新仏教）の一つにすぎなかったとする理論枠組みである。このどちらにせよ宗教史学における真宗への基本認識は、やはりきわだった異質性にあったといえる。

その異質性を別の角度から指摘するならば、たとえば日本の歴史において宗教戦争といってよいほどの事態を現出しえたのは、ほとんど真宗のみであったという事実があげられよう。その意味で真宗は空前絶後といってよいほどに異質であったといえる。この宗教戦争は民衆の高度な組織化に支えられたものであったのはいうまでもないが、なぜそれが可能であったかということに関する究明は大きな課題になるはずである。もちろん当時の本願寺教団や在地の構造についての研究はいくらもなされているが、私のいまの問いとはそうした教団制度や社会構造的な範疇のものではない。何が信者たちの熱狂をそこまで高めえたのだろうかという、むしろ宗教的心理的なものである。そのような問いは、教団の側の要因のみならず、在地の信仰や社会構造、さらには文芸や芸能にまで目配りのきく民俗学にこそ、むしろふさわしいのではないかとさえ私は考えている。

これまでの真宗研究によって、真宗が見た目ほどに特異でないことがわかったのは、いうまでもなくわが民俗学の大きな功績である。しかしそのためにといってよいのであろうが、真宗の異質性は真宗民俗研究のなかから徐々に消し去られてきた。けれどもこの問いは、現在もなお大きな難問として残されているのだ。真宗の歴史とはそのような異質性を軸として、絶えざる葛藤の歴史だったと言って過言でない。真宗最初期にあった親鸞による息子善鸞の義絶[6]は、その典型的な事件であったし、その後も真宗においてはあまたの異安心（異端）事件が発生した。真宗の民俗とはそうした教団の求心力と表裏一体である。だから真宗を先述したような普通の宗教としてみるかぎり、そもそも「真宗と民俗」という問いはありえないのではなかろうか。

さきほど私は「真宗的人格」という言葉を使った。しかし実をいえばその言葉の意味する内容こそ、いま私が最も知りたいことなのである。そもそも真宗的人格などというものが本当に存在するのだろうか。たしかに存在するとして、それはどのような場面でどのように表出されるのだろうか。さきの善鸞義絶事件さえも教義を含めた布教の具体的方法をめぐるセクト内の葛藤にすぎなかったとされてしまうのならば、「真宗的人格」などというものは真宗研究において求められてさえいないということになってしまうだろう。それをどのようにしたら探しあてられるのか、残念ながらいまの私にはその答えがない。だがもっと正確に言えば、いまはまだその〝問い〟さえもないという状況なのだ。むしろそのために正しく適切に問いをたてることこそが、いまは必要なのだといってよい。その第一歩が、真宗を異質なものとしてもう一度定義しなおしてみることにほかならないと私は考えている。(7)

そこで最後に再び、「仏教と民俗」という最初の問いに戻ってみよう。日本民俗学において仏教ははじめ異質な文化要素として立ち現れた。しかし「固有の民俗信仰」対「新来の仏教」という対立図式がいかに不毛であるかは、もはや決着ずみといってさしつかえない。仏教は単に外来要素として処理してしまえないほどに重要な役割を果たしつつ、民俗文化の形成に寄与してきたのは間違いないところである。それを明らかにしてきたのも日本民俗学であった。ただここまでの検討で見えてきたこととは、「仏教と民俗」という問いと「真宗と民俗」という問いとを結ぶ、ほぼ相似形といってよいような関係である。あまりにも私たちの生活に深くなじんでしまった仏教の異質性は、真宗のそれほどに明確に捉えることはできなくなっている。けれどもさきほど私が指摘したような仏教の一般的な受容の様相はまさしく異質性そのものなのではないか。人は自分たちの日常のなかにないものを求めて古仏や古寺を求める旅にでかけるのであるし、通常の経済システムを通しては手に入れることができない美を仏教のなかに求めようとしているのだ。あるいは自分の人生のために求めたい死生観や処世観は、わざわざでかけていかなければならないたとえば瀬戸内寂聴氏の庵のなかにこそあるにちがいないと、人々は考えようとしている。そんなところから、仏教はある種のカウンター・カルチャーとして定位されているという側面さえすかし見ることもできよう。「仏教と民俗」論もひとまわりしたところで、それが持っている異質性をもう一度、正しく問いとしてたてるための試みが必要な段階にきていると私は考えるのである。

注

（1）この小シンポジウムは第一日目の公開シンポジウムを受けて、年会実行委員会により企画されたテーマであったという。

（2）大谷大学は現在の真宗大谷派の総本山東本願寺の学寮として設置されたという起源をもっている。もちろん今日においても、真宗との関わりは本学の基幹をなしている。

（3）日本民俗学会機関誌『日本民俗学』には「フォーラム」という、四〇〇字詰め原稿用紙20枚相当を限度とした投稿スペースがある。ここでは会員であるかぎり、一種の研究発表であろうと、意見表明や情報提供であろうと、自由なテーマでものを書くことができる。ただもちろん通常の論文と違って、投稿にはレフェリーシステムは適用されない。本稿はこの「フォーラム」に投稿されたものである。

(4)これは類型とはいいながらも、実は研究史的な段階でもある。

(5)渡部圭一はこの論文において、このような在家での状況が詳細に報告されている。

(6)親鸞が東国を去った後、親鸞の名代として東国に下った善鸞が異端の教義を説いたとして、父親鸞から破門されたという事件。

(7)この段階で真宗はまだ教団といえるほどの内実をもっておらず、今日の宗教社会学的用語を借りるならばせいぜいセクトと呼ぶ段階であった。

文献

日本民俗学会2007…　第59回年会実行委員会編『日本民俗学会第五九回年会　研究発表要旨集』２００７年

渡部圭一2007…　「経本と読経の伝承論―『御文章』読誦をめぐるモノ・表記・声―」日本民具学会『民具研究』１３６号　２００７年

「民間信仰」は実在したか

I…民間信仰の発見

「民間信仰」という用語を始めてつかったのは、明治期の宗教学者、姉崎正治だといわれている（姉崎１８９７）[1]。姉崎がかの時代に民間信仰なる事象に着目したことの研究史的意義はいうまでもないし、私たちが姉崎よりのち一〇〇年以上にわたって積み重ねてきた宗教研究の経験のうえにたとうとするならば、民間信仰という現象をまるで無視してしまうという鈍感さが、すくなくとも姿勢として許されるものではありえない、というところまできているのは確かだだろう。したがってこの小文を草しようとする私の意図は、民間信仰という概念の意味内容をあらためて吟味したり、宗教研究においてどのような意義を担っているかを再度論じたりするところにあるのではない。むしろそうした重要性にもかかわらず、ほんとうに民間信仰は存在したのか、もうすこし別の表現をするなら、「民間信仰」ということばでとらえられるような信仰現象がたしかに存在し、あるいはいまでもなお存在し続けていて、宗教の研究にたいして多くのものを与えてくれるのか、ということをすこし考えてみたいのである。

日本の民俗学の話からはじめることにしよう。というのは、ことばの来歴はともかくとして、さまざまな学問分野のなかで民間信仰にもっとも大きな関心をよせてきたのは、なんといっても私が拠り所としてきた日本民俗学であったろうし、反対に一つの学問全体がいだいている研究関心のなかで、民間信仰という分野がもっとも大事な位置を占めていたのも、まちがいなく日本の民俗学だったただろうからである。

なぜそのような分野分布が民俗学のなかでできあがってしまったのか、それはそれで興味深いテーマである。欧米における民俗学の発祥の時点でむしろ主要な関心領域は昔話や民俗芸能であったし、今日でもほかの学問との棲み分けのなかで、民俗学はそのような学問として認識されているといってよい。いっぽう欧米の民俗学と一線を画しながらつくりあげられてきた日本の民俗学も、その最初期から、のちにみられるような民間信仰一辺倒とまでいえるような状況があったわけではかならずしもなかった。柳田国男にかぎってみても、最初の民俗学的著作は、九州山間地の狩猟に関する技術や習俗をあつかう『後狩詞記』(柳田1909)であり、東北地方の今日風にいうならば中山間地の村々でかたられてきた民譚集成、『遠野物語』(柳田1910)であった。たしかに九州の山中には室町時代の狩りの習俗を彷彿とさせる儀礼が当時なお伝えられ、東北の山間地の村々では山人やザシキワラシ、河童などの精霊が人びととともに生きている、そんな事実にただ素朴にひきこまれていった。またその後の柳田の著作のなかに俗聖とか民間の巫女を主題とするものがいっとき続いてもいた。しかしそうだったとしても、彼自身のなかで民間信仰の研究は主要ではあるけれどもある一部をなしていたにすぎなかった、と総括しても大きな間違いにはならないだろう。さらに柳田の最初期の中核になる弟子たちをみまわせば、大間知篤三、倉田一郎、桜田勝徳等々、かならずしもこの分野に専門化した研究者とはいいがたいところがあるし、柳田のグループの縁辺にいた渋沢敬三、中山太郎、早川孝太郎らもまた民間信仰から一歩距離をおいていた。もちろんここに名をあげた彼らとて民間信仰にまったく無関心であったわけでもないのだが、そうしたこまかい詮索が目的ではない。

それが民俗学全体として、あるいは少なくとも当時の日本の民俗学をささえる主要な研究者たちのグループが民間信仰研究に強く傾斜していくようになるのは、いつからのことになるのだろうか。またなぜそのような傾向が強くあらわれるようになったのだろうか。前者について林淳は、その画期を一九五〇～一九六〇年代に求めようとしている（林1999）。すなわち主として第二次大戦後、柳田に指導される民俗学がもうすこし学問としての体勢と内実をそなえようと努力しはじめたとき、その中心になったのはたとえば堀一郎、和歌森太郎、萩原達夫、直江広治、関敬吾、桜井徳太郎ら、アカデミズムのなかの若い研究者たちであった。彼らのおおくが民間信仰の研究にたずさわっていたこと、そしてその方向で戦後の重要な仕事がつぎつぎと生み出されてきたことはまちがいない。

ではは彼らはなぜそのような方向に進んでいったのだろうか。林は二つの理由をあげて理解しようとする。第一は、戦中・戦後の柳田が「心意現象」、なかでも信仰や霊魂の問題に自己を集中させようとしたこと、第二に、戦後の歴史学との競合・棲み分けのなかで、政治や経済からできるだけ離れた領域、すなわち文化や宗教をもっとも得意とする領域とするようになったというのである。

林のこの指摘からさらにその前提にまで目をむけるならば、柳田が民俗学の研究領域を、『民間伝承論』（柳田1934）や『郷土生活の研究法』（柳田1935）といった著作を通して、旅人、奇寓者、同郷人という三層にわけて説いていたことも、おおきな影響力があったに相違ない。この三層区分はかならずしも学問の発展段階と捉えるまでもなく、純粋に理論的な範疇化にすぎなかったと理解することもできようが、やはりこのように図式化されてみれば、民俗学の方法と理論の深化の度合いだとうけとめられてもやむをえない性格のものではあっただろう。ともあれその最後におかれた「同郷人」のレベルには、民俗学の研究領域としては、心意現象、つまり心にかかわるものごとが対応していた。つまり民俗学という学問をきわめていったそのさきにあるのは心の領域、つきつめていえば信仰という営みにほかならないと考えられたのであろう。

もっとも柳田の言説に厳密にしたがうならば、この第三のカテゴリーの民俗事象として想定されていたのは、今日わたしたちが通常理解するような民間信仰ではかならずしもなかったことにも、すこしばかりは注意をはらっておく必要があるかもしれない。というのは、『民間伝承論』の「第十章　心意諸現象」の細目をみると、「知識と技術」「趣味・愛憎と死後の問題」「前代知識の観測」「呪術・禁忌」があげられており、もういっぽうの『郷土生活の研究法』ではもうすこしおおまかに「知識」「生活技術」「生活目的」があげられるにとどまるのである。総じていうならば、今日「俗信」という語で理解されるような範疇が、このときの柳田の念頭にあったと考えられよう。それにもかかわらず俗信という研究概念は、その後あまりおおきな発展をとげたとはいいがたい。今日の民俗誌、民俗調査報告書などにおいても、さまざまにたちいった記述の最後に、種々雑多なことわざとも言い習わしとも、たんなる民俗知識の言語的表現ともつかず、ほとんどその処理をあきらめてしまったかのように断片的な記述が、数行から数ページにわたってうめられているのがせいぜいだといって過言でない。むしろ当時の若い俊秀たちは、民俗学の最終段階をのちに「兆・占・禁・呪」ということばで巧妙に表現されるいわゆる俗信だとか、あるいはこれものちに「民俗知識」といったことばでよばれるようになることわざだとか言い習わしの類に限定させることなく、宗教を核とする心意現象こそを民俗学研究の精華と位置づけたのであった。

その結果として今日にいたるまでの間にどのような研究史的状況がうみだされたかを、一つのわかりやすい例として、日本民俗学会の編集になる『日本民俗学文献総目録』（日本民俗学会 1980）をとおしてみることにしよう。この文献目録は明治から昭和五〇年末までの間に発表された日本民俗学に関連する書籍、論文、調査報告、雑報等々をまさしく網羅的に集成した最大規模の目録である。全体を総論からはじまって社会組織、通過儀礼等々一〇章に区分し、それぞれの分野を個人別に配列したものである。ここで注目するのは単純なページ配分であるが、実質一四六五ページのうち、「信仰」としてくくられた章だけで二八五ページ、約一九パーセントにのぼるのである。「口承文芸」の章もこれとならぶ分量をさいているのだから、表面にあらわれただけでは民間信仰に関する文献だけが圧倒的多数を占めるというには少々ためらいを感じるかもしれない。

ただ注意しなければならないのは、民間信仰論という領域は、じつは信仰現象そのものを直接に把握の対象とするだけではかならずしもなかった、という点である。民間信仰のすくなからぬ部分が伝説や俗信などの口頭伝承、あるいは年中行事とか通過儀礼などの儀礼的伝承などをとおして捉えられたり、反対にこれらの領域の研究の結論が民間信仰の領域にはいっていってはじめて完成されたとうけとめるような姿勢がつねにともなっていた。民間信仰が所在する領分をそのように広くとらえるところに、民俗学の大きな特色があったといえるかもしれない。たとえば初期の柳田が開拓した重要な仕事群の一つとして伝説の研究がある。同じ口承文芸に属するといいながらも、伝説と昔話研究とをくらべてみると、両者はかなり異なった足跡をしるしながら今日にいたっている。というのは昔話の場合は、昔話それ自体がもつ特質の追求に進むことで、話型やモティーフの分類、それらの、ときには世界的規模にまでひろがる地域的分布、歴史的文芸作品との間の交流、さらにはずっとあとになってのことではあるが、昔話の語り手そのものに内包される問題、などなど多様な関心がうまれてくる。ところが伝説の場合はそうしたふうにはならなかった。よく知られる弘法伝説とか赤子塚伝説の分析などが示すように、伝説を手がかりとして、伝説の背後に隠された「常民」の宗教的心意をほりおこすことにむしろ関心は集中していった。

いっぽう儀礼や祭礼に関してはどうであろうか。この領分では民間信仰との関係はもうすこし直接的である。というのは体系だてられた宗教哲学とか思想、そしてそれらをなんらかの形で表現する教典などを一般的にはもたない民間信仰とは、つまるところさまざまな儀礼とか祭礼としてはじめて捉えられざるをえないのだからである。もちろんすべての儀礼なるものが宗教的性格をもつわけでもないのだから、儀礼伝承としてくくられるものがつねに民間信仰論の対象になるわけでないのは当然のことではあるが。しかしとりわけ祭礼を含む年中行事や農耕儀礼の研究にあっては、伝説研究の場合と同様の傾向がみてとれる。

つまり伝説研究、儀礼研究のなかのかなりの部分が、民間信仰研究の手段として位置づけられてきた、ということがいえるであろう。こんなことを考慮すれば、数字にあらわれないところで民間信仰論の比重ははるかに高かったといわざるをえないのである。

Ⅱ…民間信仰研究の発展

では民俗学は民間信仰という対象にたいしてどのような方向からとりくんできただろうか。話の出発点として、ここでもう一度林淳の総括（林1999）を借りることにしよう。

林は一九五〇〜一九六〇年代の民俗学発展史において、民俗宗教（林はここで「民俗宗教」という語を使用している。この用語についてはのちにもう一度ふれたい）の分野では四つの領域が開拓されたという。すなわち

（A）民間宗教者の研究
（B）口頭伝承の研究
（C）小祠《しょうし》の研究
（D）家・ムラなど共同体の儀礼・信仰の研究＝年中行事・葬制墓制

である。この枠組みをもとに、以下筆者なりの理解を述べたい。(2)

まず（A）の民間信仰者の研究は、林が言うように、柳田国男のヒジリ論や折口信夫のマレビト論に起源をもつ。よく知られているように、柳田のごく初期の論文に「巫女考」（柳田1913〜1914）「毛坊主考」（柳田1914〜1915）とか「俗聖沿革史」（柳田1921）、といった一連の作品があり、柳田の研究歴のなかで独特の光芒をはなっている。これらは最初期における柳田の関心のありどころをよくあらわしていて、のちに民俗学の中心的な概念となった「常民」に対置される、いわば「非常民」によってになわれる民俗を、宗教という回路をとおして追求したところに大きな特色があるといえよう。したがってそののちの柳田においてこれらの関心はいわば捨て去られることになるのだが、ともあれ民俗学草創期における民間信仰研究が、さきの（A）類からはじまったという事実に注意をうながしておきたい。それにたいしてたとえば折口信夫のマレビト論は、折口のなかで最後まで核心部に保持されたキー概念であった。海のかなたから時をさだめて群行しておとずれてくるという神々（精霊）のイメージは観念的な存在にとどまらず、この世を訪れてくる人間そのものにも重ねあわされて、さまざまな外者歓待の風習をつくりあげてきた。柳田が関心をはらったヒジリなど外からやってくる民間の宗教者たちも当然この範疇にふくまれるから、マレビト論は宗教研究の分野では民間宗教者論に容易に接合するものとなったのはいうまでもない。

（B）の口頭伝承と民間信仰とのかかわりについてはすでに述べたとおりである。そしてこれもかなり早い時期からの柳田の関心のなかに存在するものであった。かの『遠野物語』のなかで幻想的に語られたザシキワラシや河童などさまざまな精霊たちは、やがて民俗学における民間信仰論の重要なテーマの一つになっていった。

　さらに（Ｃ）の小祠に関しては、これも柳田の最初期の作品『石神問答』（柳田１９６０）などの例はあるものの、全体には昭和期に盛況を迎える。全国に散在するアマチュア研究者たちの組織化が進み、かれらの研究の拠点とすべく『旅と伝説』『民間伝承』[3]などの雑誌が刊行されるが、これらのメディアをとおして各地のさまざまな小祠の信仰、あるいは小祠のような形ではかならずしもまつられてはいない野山の精霊への信仰がほりおこされた。こうした小さな神々たち、とりわけ小祠のほとんどは明治期の国家神道成立期にあたり淫祠《いんし》として文化の表舞台からほうむりさられていたもので、その意味では民間信仰の復権・復活ともいうべきできごとであった。この領域の戦後の代表的な成果に直江広治の『屋敷神の研究』（直江１９６６）がある。

　それにたいして（Ｄ）の領域において、とりわけ村落とか家といった社会（共同体）によってになわれる宗教習俗、という観点から民間信仰が活発にとりあげられるようになるのは、もう少し時期がくだる。柳田が『日本の祭』（柳田１９４２）『神道と民俗学』（柳田１９４３）『先祖の話』（柳田１９４６）『氏神と氏子』（柳田１９４７）などなど、とりようによってはきわめてイデオロギー色の濃い諸作品をつぎつぎと世に送り出していったことが、一つの直接のきっかけにはなっただろう。第二次世界大戦をはさんだ時期、つまり一九四〇年代のころである。ただこの領域もまたそれ以前からの動向をうけてのことで、純粋に民俗学的とはいえないまでも、肥後和男の一連の宮座に関する研究（肥後１９３８、同１９４１）などは特筆に値するものであった。そして昭和三〇年代にはいって、和歌森太郎による『美保神社の研究』（和歌森１９５５）、萩原龍夫の『中世祭祀組織の研究』（萩原1962）、などにはじまる地域の神社祭祀とその祭祀組織に関する研究が世に問われると、宮座は民俗学にとっても重要な研究領域になっていった。さらに桜井徳太郎はやはり地域における宗教結社のありかたを、神社のそれに対するのとは異なった観点から『講集団成立過程の研究』（桜井1962）によって論じた。この領域の研究は総じていえば、信仰の問題を心意や儀礼という角度からだけでなく、組織という観点からとりあげようという方向が強く意識されるところに、大きな特徴があったといえるだろう。

さて戦後の民間信仰論を特徴づけるもう一つの大きな動向は、じつは（A）の民間宗教者に対する関心の復活である。そのおおきな柱はこれも林が指摘するように二つあった。一つは修験者、もう一つは巫女——ときに男性を含むこともあるが——である。

民俗学的観点からの修験道研究は、これも和歌森太郎の『修験道史研究』（和歌森1943）を嚆矢としてよいだろう。ただこの研究は、方法としてはほとんど歴史学といってよいものであった。しかしそれまで仏教史および神道史が宗教史研究の圧倒的主流であったところに、ありていにいえばいささか素性もさだかでなく、教典・教理といってもきわめて呪術色が濃い、それゆえ哲学とか思想としての純度をそなえているとは当時とうてい考えられそうもない、山伏＝修験道という宗教をあえてとりあげたのは、やはり民俗学という学問からの関心のもちかたが強い契機になったとみてよいのであろう。しかし研究がはじまってみれば、修験道はマイナーな宗教などではなかった。全国にはりめぐらされた民俗学という学問社会のネットワークの底力が、それこそ最大限に発揮されたといってさしつかえない状況が現出したのである。明治の廃止令によってほとんど壊滅状態にあった修験道のかつてのありさまが、各地の熱心な研究者たちの手によって各地で発掘されつづけた。それどころか修験者たちは今なお精力的な活動をつづけていることもまた、つぎつぎと明らかにされたのである。その成果は一九七〇〜一九八〇年代の『山岳宗教史研究叢書』全一八巻（和歌森ほか1975〜1984）に結実し、さらには日本山岳修験学会という、この領域にのみ専門化された研究組織さえも結成されるまでになった。

ただ民俗学的な関心のもちかたからいうならば、のちに宮本袈裟雄が論じたような、山をおり、まさしく民間を活動の場にした里の山伏の研究（宮本1984）こそが主流になるべきはずだった。しかし結局そうはならず、依然として山上の山伏の組織や修行の空間、そこでの儀礼の構造や象徴性、などなどといったテーマのほうが多くの研究者たちのより強い関心をひいてしまったのは、修験道の山の神秘的な空気がそうさせたとはいえ、いささか皮肉なことだったといえるかもしれない。しかしそれはあとに述べるように、別の角度からみるならば、民間信仰研究の必然的な方向だったというべきなのである。

もう一つの巫女の研究は、柳田国男の死後になってようやく活発になった分野である。そうなった事情には一度は巫女に関心をいだきながら、その後長くとおざかっていた柳田の心情があったのかもしれない。もっとも柳田とて、巫女への興味を完全に捨て去ってしまっていたわけでもなかった。ただその場合の関心はもっぱら文芸という領域のなかに限られていた。和泉式部、小野小町、巴御前、虎御前など、むしろ文芸の担い手としての女性の役割の一側面としてであったから、そうした女性たちが巫女としての性格をもつことがあったとしても、きわめて限定された範囲でしかなかっただろう。

それにたいして戦後の柳田の弟子たちの巫女への関心は、じつは柳田の初期の関心をある面ではより忠実に継承するものだったといえよう。しかし彼女らはミコとよばれるよりは、シャーマンという、多くの民俗学者たちにとってさえあまりなじみのない呼び名での再登場であった。すなわちシャーマニズム研究の開花である。この分野での研究を主導したのはいうまでもなく桜井徳太郎である（桜井1973、同1974、同1975）。それに加え、高度経済成長期以降ようやくさかんになってきた海外での調査事例をふまえた文化人類学や宗教学の成果をリンクさせるかたちで、巫女の研究は、むしろシャーマニズムの研究として国際的なひろがりさえもつようになってきた。民俗学の世界では、それはのちの比較民俗学という分野への回路の一つとなったのである。

こうしていまあきらかになったことの一つは、ほぼ民間宗教者の研究からはじまった民間信仰論が、いくつかの歴史的曲折を経たうえで、今日また同じところ、民間宗教者の研究にもどってきたという事実である。そのことの意味を考える前に、一度民俗学の外にも目をむけておくことにしたい。

Ⅲ…歴史学・宗教学における民間信仰

ところで民俗学に隣接し、ときには歩をともにしながら宗教の研究にたずさわってきた他の学問において、民間信仰はどのような現象と考えられてきた、あるいはいるのだろうか。とりわけ筆者にとって関心が深いのは歴史学、なかでも日本の歴史学のなかでの宗教というものの位置である。

歴史学に対しては一人の門外漢として、きわめておおざっぱな切り取り方をしてしまうならば、日本の歴史学の方法論、とりわけ第二次大戦後のそれはマルクス主義歴史学の強い影響下にあったといってよいかもしれない。日本における科学的に厳密な歴史学の方法論、それもたんに史料のあつかいかたというレベルではなく、史料をどのように読むか、どのような枠組みで理論というものを組み立てていくのか、といったレベルで指導的な役割をはたしてきたのは、ごく一部、京都を中心とする文化史学を別にすれば、あきらかにマルクス主義にもとづくそれであった。そしてこの歴史学の最大の特徴は、いうまでもなく経済と政治・社会の重視にある。いっぽう宗教は歴史のなかで否定的な契機として位置づけられることのほうが多く、当然のことながら多くの研究者は宗教史研究に深い関心をもとうとしなかった。

その宗教という領域が歴史学の前面に登場する画期となったのは、黒田俊雄による権門体制論の提唱である。その最初の構想は、一九六三年に「中世の国家と天皇」（黒田１９６３）で世に問われた。日本の社会が国家という形で存在しようとするとき、支配権力のありかたを体系的に論じようとした黒田の議論において、宗教は大きな意味をもつことになった。すなわち一二世紀以降の権門勢家の一角を、公家、武家とならんで寺家が占めるという基本認識にたって、日本の社会構造が考察されるようになったのである。黒田はそこで「寺家」という勢力をつぎのようなものとしてとらえた。

南都・北嶺その他の大寺社であって、神仏習合の状況のもとでは、いわゆる社家もこれと区別はない。鎮護国家を標榜し、公家の「王法」に対置して「仏法」の国家的性格を主張し、またほとんどは公家の「氏寺」「氏神」であった。寺家・社家は国政に発言しうるだけの隠然たる勢力をもつが、直接政権を掌握することがないため、一見権力機構から疎外されているようにみえる。（黒田1963）

黒田の主張は日本を対象とする歴史学の世界に大きな衝撃をあたえたが、今その理論そのものや、それをめぐる議論を追跡することが私の目的ではない。むしろそれまでの宗教史研究と黒田のそれが、どのような認識や関心の違いのうえにたつものなのかという点に大きな注意をはらいたいのである。

権門体制論にもとづく宗教史のおおきな特徴の一つは、その関心が顕密《けんみつ》仏教にむいたことである。それまでの仏教史の多くが、中世初頭の一連の仏教改革の過程に登場した、いわゆる鎌倉新仏教にむかっていったのと著しい対照をなしているといってよい。ここでいう「顕密」とはいうまでもなく顕教と密教のことで、主として天台・真言の両宗派をさしている。すなわち顕教と密教の立場から古代末期以降、多くの寺院とその支配下にある神社をとおして日本の宗教界を支配した二つの宗派を権門の一つとして、日本の社会的勢力の中核に位置づけたのである。

この権門体制論＝顕密仏教論の登場をより具体的な研究実践との関連でみるならば、じつはたんに歴史学のなかでの宗教史の地位上昇というにとどまらない二つの重要な方向に連動していったと考えられる。その第一は、宗教史研究の基盤を宗教者個人の思想や心情、宗派として維持してきた教理などなどの諸観念から、教団や寺院という社会的な存在そのもののほうにより大きな関心をふりむける姿勢がきわだつようになったこと、第二に、従来の研究がともすれば顕密という仏教を呪術的と性格づけ、思想的には保守的とか反近代的といった評価しか与えようとしなかった姿勢からの大きな転換である。

これらのことが研究上重要な意義をもつと筆者が強調したいのは、欧米の宗教あるいは宗教観をモデルに作り上げられてきた日本の宗教史研究が、かくしてようやく日本の社会と文化の実態に即した研究にたどりついたと考えるからである。基本的に呪術から宗教へという進化論に立脚する立場は、呪法を重要な宗教行為として内包する顕密仏教を、時代を代表する宗教と位置づけることにはおおきな抵抗感をもたらしたであろうし、より純粋な宗教思想こそが至上であるという価値観は、顕密仏教を特徴づける神仏混淆《こんこう》思想への歴史的評価にあたっても強いバイアスを与えざるをえない。黒田は自分自身の研究姿勢をつぎのようなことばで語っている。

……宗教とくに宗教思想を、その時代の現実の世俗社会を支配する権威あるいは権力との関係という側面において、とりあげたい。われわれは、宗教の歴史を、このような一つの客観的な関係に媒介させることによって、現在の宗派の立場から過去を照し出す主観的な像ではなく、客観的な姿でとらえる手がかりを得ることができる。（黒田１９６３）

筆者はかつて黒田のこのことばを引用したうえで、なおかつ黒田が中心課題とした寺社勢力ではなく、反対にかれが顕密仏教の周辺的存在と位置づけた民間宗教者＝「聖（ひじり）」を研究することの意義を述べたことがある（真野1986）。民俗学の重要な研究領域である民間宗教者論は、一つにはこのような文脈において、今日の歴史学における宗教研究の潮流と接合してくるであろう。

そしてまた日本の歴史学におこったもう一つの大きな変化も忘れてはならない。いわゆる「社会史」の登場である。社会史という領分を、文字通り日本の社会が歩んできた歴史とみるならば、ここで特筆するほどに新しい潮流ということはできないだろうが、一九七〇年ごろからにわかに活発化した「社会史」はそれとすこし色合いの異なるものであった。網野善彦の『無縁・公界・楽』（網野1978）は、これまた黒田のそれにまさるとも劣らないほどにおおきな衝撃をもって迎えられた。そして身辺の微細な事実をめぐる素朴な発見や驚きをてこに、その時代の全風景をえがきだそうとするかのような社会史の潮流は、またたくまに日本の歴史学の風景をも変えていったのだが、そこにも宗教研究とのかかわりでいくつかの特徴がみられる。

まず第一に、その後フランス歴史学、とりわけいわゆるアナール学派の影響を強く意識しながら発展した日本の社会史とは、社会史とはいいながらも心性の歴史をきわめて強く意識したものだったことである。さらにこの潮流の歴史学が、方法論的認識論的に歴史学とことなる学問的伝統のうえにたつ他のさまざまな学問との間で、広範で積極的な対話をいとわなかったことも、二つ目の大きな特徴としてあげられるだろう。ここでおもに対話の相手となったのは、民俗学や文化人類学、あるいは社会学などであった。つまり、これまでならまともな解釈がほとんど不可能であろうと捨て去っていた微細な諸事実を、民俗学、文化人類学、社会学などの理論や発想を参照することによって理解しようとした試みの体系こそが、この時代の日本の社会史だったということができよう。社会史に対して些末主義といった類の批判はあるにせよ、あらゆる歴史を相対化することの必要性、天下国家といった全体社会の枠組みだけでなく、どんな小さなことも歴史のなかで作られるほかないのだ、というあたりまえの事実を再認識させたのは大きな功績といわなければならない。ただそのときの重要なキーワードが「社会」ならぬ「心（心性）」であったのは、考えてみればいささか意外な展開であったろう。ともあれこうしてここでもまた歴史学が宗教研究とであうことになったのである。

＊

いっぽう目を宗教学に転じたとき、そこにはどのような特徴が見いだせそうであろうか。ここでは、宗教学という学問領域に関しては門外漢、あるいはせいぜい周辺からこの学問をながめることがある程度の人間の、単に個人的なだけかもしれない印象を一つだけ簡単に述べておきたい。

宗教学という学問領域において、もちろん今日でもなおれっきとした諸宗教、いわゆる成立宗教や、ときに社会をゆるがすことも少なくない新宗教群が、宗教研究の主要な対象であるのはかわりがない。しかしいっぽうで、従来の感覚で宗教と呼んでしまうにはいささか躊躇してしまうような現象にたいしても、今日の宗教学は、大きな関心を抱きはじめているように見える。たとえば倫理運動、修養団体、人格改造セミナー、コミュニティ運動、アルコール中毒、癒し、新霊性運動、などなど……である。これらの現象の周囲にいる人びとを、もはや教団対信者といった構造のなかでとらえることはできまい。したがってこのような現象を対象とする研究は決して多くはないし、もちろん主流になりつつあるなどとはいえない。しかし確実に宗教研究の最前線ではあるだろう。それは宗教学の変質なのか、それとも宗教という現象の今日の消費社会のなかへの溶解からの、必然的な帰結なのか。そしてさらにいえば、そこに研究者たちのどのような関心の持ちかたがあるのだろうか。

ところでかつて姉崎が民間信仰なるものを発見して以来も、じつのところ宗教学の世界において民間信仰の研究は、民俗学におけるほどに重要な意味を担わされてきたとはいえないにちがいない。たかだか、呪術から宗教へというあの古典的な発展図式のなかで、ありていにいって、宗教に発達する以前の姿を民間信仰にみることができるだろう、という期待あたりが動機としてはせいぜいだったかもしれない。

だが今日の、宗教とはいいがたい宗教への先鋭的な関心という状況をみるならば、もう一つの考えもうかんでくる。それは宗教という現象が存在する現場にもっとも近いところで対象を見たい、という欲求である。伝統的宗教、成立宗教が宗教哲学の面では高度に成熟し、その結果としていわば無色化あるいは無害化してしまったとき、この時代のなかでもっとも宗教らしい宗教はどこに存在するのだろうか。それはあるいは宗教以前の姿をとどめる民間信仰であったかもしれないし、あるいは宗教ともいえないあたらしい宗教群であるかもしれない。つまりこれら新しい宗教は、いわば今日の民間信仰なのである。たぶん宗教という現象はこれからさきもさまざまに身を替えてくるにちがいない。ますますとりとめもなく、どこまでもとらえどころがなくなっていくだろう。しかし宗教学がその内部に初発の好奇心をもちつづけているかぎり、宗教学者たちの関心のありようもそれに応じて千変万化することはまちがいないのである。

Ⅳ…「民間信仰」はどこへ行ったのか

ところで民俗学において今日でもなお「民間信仰」の研究は可能なのか、あるいはどのように可能なのだろうか、と問うてみよう。民俗学はこれまで「重出立証法」なるものがその標準的な方法であると説いてきた。ただし今は「重出立証法」なるものがどのような内容の方法であるのかにはあまり立ち入らないことにしよう。ごく素朴に比較研究法の一種であるといっておいてさしつかえない。そこで先の問をさらに、民間信仰の比較研究は今日でも可能か、といいなおしてみたらどのような答えがありうるだろうか。

比較研究とは、いうまでもなく多数のデータの比較検討からなんらかの結果を導き出す方法論である。その際にもっとも肝要なのは、データの均質化である。実験室であるならば、実験のための諸条件を可能なかぎり等しくすることが、データの質を保証する。だがフィールドは実験室ではない。その場合にできることがあるとしたら、質問内容の均質化ということになろう。つまりこちらでは聞いたが、別の村ではたずねてみなかった、などということがあってはならない。提示されたデータの一つひとつに、すべて同じ質問要素に関する記述が含まれている、ということが理想となる。厳密にいえばそんなことは不可能なのだが、あくまで理想は追求されなければならない。そしてかつてはそのような条件があると信じられていたし、そう思わせてしまうほど充実したデータが得られもした。そうした前提から、民俗学においては数多くの研究がこころみられ、多くの成果をあげてきた、としておこう。しかし今日ではどうであろうか。じっさいにそのようなスタイルで進められる研究がないわけではないのだが、現実に結果は無惨だといわざるをえない。さきにあげた条件とまったく正反対の事態が延々と続いていく。それはたとえばこうである。ある地域に分布するある民間信仰のカミについて、あるインフォーマントは名前を知っているがその名の由来はわからない。ある村にはカミの由来についての伝承はあるのだが、すでに祭はすたれてしまって久しいという。別の事例ではそのカミが祀られる場所についての記述があるばかりだった。というようにデータ提示の観点がつぎつぎとずれていくばかりでは、そもそも比較という方法はなりたつはずがない。だから今日のフィールドの状況は一般的にいえば、いかほどに練達のフィールドワーカーであっても、比較ということばに値するほどの研究をこころみるのがもうほとんど不可能なところにまできてしまっているのである。(4)

なぜそのようなことになってしまうのかといえば、理由はたんに研究者個人の資質に帰せられるだけではない。根本的には、かつて研究者たちがイメージしていた「民間信仰」なる現象の存立する基盤自体がすでに消滅しつつあるからなのだ。身も蓋もなく言いきってしまえば、痕跡だけになってしまった民間信仰をどれだけかき集めたところで、それによって語りうることはたかが知れている。ある観念を「信仰」するということは、その観念を有意味なものとして了解するということであろう。そうした精神のいとなみは、言語作用とおなじように、文化や社会での一定の共有を前提にしてはじめてなりたつ。その共有の体系がくずれたり変容したりすれば言語そのものがなりたたなくなるのとおなじように、信仰という精神作用もまた意味をなさなくなる。右に筆者がたとえた事態はそうした事情によってひきおこされたと考えることができよう。ただもちろんそれは信仰とか宗教とかが消滅してしまうだろうというのではなく、あくまでかつて実在が信じられていたさまざまな民間信仰がもはや信じるに足るものではなくなった、ということの指摘にすぎない。

じつのところ「民間信仰」なる用語は、民俗学においても他の学問分野においても、いまやあまり使われなくなってきている。むしろ今日しばしば目にすることがあるのは「民俗宗教」ということばであり概念であろう。筆者はかつてこの二つのことばの交替という事態をめぐって考察をくわえたことがある（真野１９８８）。論点の前半分をかいつまんでふりかえればおおむねつぎのようであった。第一に、民俗学において理解された「民間信仰」という概念は、もともとある一定の地域社会（もしくは共同体）を存立基盤として理解されてきた。したがって第二に、地域社会の変質にともなって「民間信仰」の概念そのものも変質せざるをえなかった。そこで対象を、従来の民間信仰の対極におかれていた成立宗教（創唱的宗教）と、土地に根生《ねお》いの民間信仰との相互交渉のなかでとらえようとしたとき、「民俗宗教」という概念のほうがより実態に即するものとしてうけとめられたのである。民間信仰という概念からの退却という事態は、このような二つの状況――あらためていえば、現象そのものが存在する基盤と、概念が成り立つ基盤の変質・消滅――を背景にしておきたといえる。そしてじつはその後者をめぐる問題から、もう少し別の様相が見えてくる。

さて民俗学内部での比較研究法への批判に対応して提唱されてきたのは、「個別分析法」と名づけられる方法論であった。この概念にかんしても、このことばとともに主張した福田アジオの意図にまで立ちもどる必要はあるまい。おおむね構造・機能主義的方法と歴史分析的方法との融合と、ひとまずは理解しておこう。民俗事象を要素と要素の相互作用の体系として再構成し、さらに事象そのものをそれが存在する社会や歴史という文脈のなかで理解しようとする。このようにとらえてみれば話は単純で、そこに存在するもの、かつて存在したものをできるかぎりの質と量とで把握したいと考えるところにこの方法の眼目がある。今日の民間信仰研究においてもさすがにかつてのように素朴な比較はなりをひそめ、どの研究にあっても多少なりとも個別の事象のより高密度な把握と記述に力がそそがれている。すなわち、ある事象がそれ自体として存在する、その個々の存在のしかたへの忠実な関心のうえに「個別分析法」はなりたつのである。

民間信仰論におけるさきの(A)のカテゴリー、民間宗教者への注目は、もちろん福田の個別分析法の提唱にはるかさきだっておこなわれた。しかしこの領域においても関心の方向にはすこしずつ変化があらわれてきている。戦後も比較的初期の研究が、概略かれらの民俗のいわば集合的性格の理解にむかったのにたいし、近年の特徴は、宗教者自身の信念体系とかライフヒストリーといった、すぐれて個別的な様相へのきりこみにあるといえるだろう。こうした分野までも「個別分析法」の影響下にあったとすることはもちろん正当でないが、ベクトルの向きはおどろくほどに似ている。つまり「民間信仰とはどこに存在するのか」という問をたててみたとき、結局のところその信仰を実践するものたちの個々の具体的な営みというところに帰着した、ということにほかならない。なぜならどのような観念であれ文化であれ、それを現実のものにするのは個々の人間をおいてはありえないのだから。筆者はさきの論文で、「共同体のなかの宗教から出発してきた民俗学は、「聖なる意味」の供給者もしくは管理者として、宗教結社よりも専業または半専業の、ときとしてヒジリとも呼ばれる宗教者たちに強い関心をいだいた」（真野１９８８）と研究史を総括したが、右の民間宗教者研究の隆盛は、このような歴史的文脈のなかで読まれなければならない。

＊

そろそろ最初にたてた問にもどることにしよう。結局「民間信仰」なる範疇はほんとうに存在したといえるのだろうか。「民間信仰」が「民俗宗教」にかわったという用語の変遷だけを見るなら、「民間信仰」という実体はついに歴史のなかに消滅していったということになるのだろう。しかしこのことばが研究者によって作られた用語である以上、このことばによってさし示される概念もまたある必要によって存在させられたというべきである。その必要とは誰の、どのような必要だったのか。このように考えてきたとき思いいたるのは、宗教というものへむけられるまなざしの変遷である。民俗学における民間信仰研究の歴史が教えてくれたのは、よりたしかな手応えをもつ対象にせまっていきたいとする欲求ではなかったか。夢物語のような山あいの伝承から出発した民間信仰への関心は、そのつづきとして文化周縁のヒジリたちにうつり、昔話へ、小祠へ、村の祭祀へと広がりをもち、深さをきわめ、そして進化していった。ひとめぐりしてふたたび行き着いたところが、また宗教者たちだったという結末はきわめて示唆深い。それは対象へのきまな目移りなどではなく、宗教と民間信仰という二つの概念の接近の結果だったのだ。反対に、たとえば宗教と呪術とを区別するといった古典的な図式を前提にするならば、両者がことなったものと認識されるからこそ、呪術の研究が単独で意味をもつことができよう。同様に、一方に教典と高僧と権力のうえにそびえる成立宗教があり、他方にそのいずれももたない民間信仰があって、そこに交わるところがなければ、民間信仰をとりあげることにもなんらかの意味があろう。しかし宗教研究のありかた自体が成熟してきて、より実態に即した把握が不可欠の課題になるなら、両者を区別する前提自体が無意味になってしまう。さきにみた宗教学における非宗教的宗教へむけられる強い関心は、そんな事情をよく現わしている。

私たちが宗教のフィールドにでていくというのは、つまりはそういうことなのだ。近年話題になったいくつかの精神運動の類をみていると、しばしばかれらが自分たちの運動を宗教だとはいいたがらない傾向のあることに気づく。彼らの側の論理はともかくとして、そこにかつて研究者たちが民間信仰にむけていたまなざしと共通するものがあるように見えてしまうのはおもしろい。人間の精神のいとなみとしての民間信仰を、非宗教といおうが宗教以前といおうが、いずれにしても宗教とは別のものとして位置づけるところから私たちの研究は出発してきた。そんなことばを、いまではそうした現象のなかにあるもののほうが語ろうとしている。おそらくこれからさき私たちは、民間信仰ならぬ民間信仰のさまざまな出現に、数限りなくたちあうことになるのであろう。

注

（1）以下本稿での文献の提示は、すべて初出のみを記すことにする。

（2）以後の議論に関連して、ひとことつけくわえておきたい。いま筆者は林の分類に準拠して議論を進めようとしている。しかしもちろんこのような分けかたと別の分類基準をたてることも、限りなく可能であろう。たとえば固有信仰、神社信仰、仏教信仰、とか、氏神の信仰と人神の信仰と、などといった具合にである。前者の分類についていえば、とりわけ最後の仏教にたいする関心は近年の研究動向のなかできわめて重要な領域となってきている。従来の民俗学が仏教を外来の宗教と位置づけてきたことにたいする反動からか、念仏、参詣と巡礼、寺院法会、檀家制度などなどといったテーマをめぐって、続々と研究成果が積み重ねられている。しかしこのように、いわば宗教の素性によって分類してみたところで、すくなくとも民間信仰研究の目標がこうした素性の境界をこえていこうとするところにある以上、領域分類としてはあまり効果的でないことになる。いっぽうさきに例示したうちの後者についていえば、たとえば堀一郎の文字どおり氏神型信仰と人神型信仰という二つの信仰類型の提唱があったりして、それなりに重要な展望は示しうる。だがこのような二項対立式の分類は、あくまで宗教の類型分類であって、全体の動向を網羅することはできない。それにたいして林の分類の利点は学界の研究動向をある程度網羅することができ、しかも筆者が敷衍して論じているように、そこに歴史的展開の様相が見えてくるところにある。

（3）『旅と伝説』（三元社、1928〜1944年）は市販の民俗学専門雑誌。『民間伝承』（民間伝承の会、1935〜1952年）は柳田を中心とする研究組織「民間伝承の会」（のち1949年に「日本民俗学会」と改称）の機関誌として発刊されたが、1952年以降、学会機関誌という性格を解消した。

（4）林は前掲論文（林1999）において、1960年代末から70年代にかけておこなわれた重出立証法批判を、比較研究衰退のおおきな原因としてあげている。たしかにそれ以前からも、重出立証法(もしくは比較研究)批判は繰り返されており、その限界や難点はほとんど指摘されつくした感がある。しかし各種の事典や概説書で説明されたかぎりでの「重出立証法」は、とうてい論理的な検討にも理論的な実践にも耐えられないものであり、その意味で重出立証法は批判をまつこともなく破綻していたといってよいのだ。

文献

姉崎1897…　姉崎正治「中奥の民間信仰」『哲学研究』130　1897年
網野1978…　網野善彦『無縁・公界・楽』平凡社　1978年
黒田俊雄1963…　黒田俊雄「中世の国家と天皇」岩波講座『日本歴史』中世2、岩波書店　1963年
桜井1962…　桜井徳太郎『講集団成立過程の研究』吉川弘文館　1962年
桜井1973…　桜井徳太郎『沖縄のシャマニズム―民間巫女の生態と機能―』弘文堂　1973年
桜井1974、1977…　桜井徳太郎『日本のシャマニズム―民間巫女の生態と機能―』(上巻・下巻)吉川弘文館　1974、1977年
真野1986…　真野俊和「総論　聖(ヒジリ)と民衆」萩原龍夫・真野俊和編『仏教民俗学大系2　聖と民衆』名著出版　1986年
真野1988…　真野俊和「民間信仰論から民俗宗教論へ」桜井徳太郎編『日本民俗の伝統と創造』弘文堂　1988年
直江1966…　直江広治『屋敷神の研究』吉川弘文館　1966年
日本民俗学会1980…　日本民俗学会編『日本民俗学文献総目録』弘文堂　1980年
萩原1962…　萩原龍夫『中世祭祀組織の研究』吉川弘文館　1962年
林1999…　林淳「戦後民俗宗教研究の再検討」『愛知学院大学人間文化研究所報』25　1999年

肥後1938…肥後和男「近江における宮座の研究」『東京文理科大学文科紀要』16　1938年
肥後1941…肥後和男『宮座の研究』弘文堂書房　1941年
宮本1984…宮本袈裟雄『里修験の研究』吉川弘文館　1984年
柳田1909…柳田国男『後狩詞記』自刊　1909年
柳田1910…柳田国男『遠野物語』聚精堂　1910年
柳田1910…柳田国男『石神問答』聚精堂　1910年
柳田1913~1914…柳田国男「巫女考」『郷土研究』1-1~1-12　1913~1914年
柳田1914~1915…柳田国男「毛坊主考」『郷土研究』2-1~2-12　1914~1915年
柳田1921…柳田国男「俗聖沿革史」『中央仏教』1~5　1921年
柳田1934…柳田国男『民間伝承論』共立社　1934年
柳田1935…柳田国男『郷土生活の研究法』刀江書院　1935年
柳田1942…柳田国男『日本の祭』弘文堂書房　1942年
柳田1943…柳田国男『神道と民俗学』明世堂　1943年
柳田1946…柳田国男『先祖の話』筑摩書房　1946年
柳田1947…柳田国男『氏神と氏子』小山書店　1947年
和歌森1943…和歌森太郎『修験道史研究』河出書房　1943年
和歌森1955…和歌森太郎『美保神社の研究』弘文堂　1955年
和歌森ほか1975~1984…和歌森太郎『山岳宗教史研究叢書』全18巻、名著出版　1975~1984年

民俗宗教論における〝信仰〟の発見

◉シャマニズム研究が果たしたもう一つの役割

I…民間〝信仰〟論のねじれ

日本民俗学における宗教研究の領域名称とパラダイムが「民間信仰論」から「民俗宗教論」へ移り変わってきたこと、その移行を主導した研究者たちの先頭にたとえば櫻井徳太郎がいたということは、いまや学界の共通認識といってよい。しかし民俗学が宗教という研究領域を論じる、その論じ方にはパラドクスといってさえよいようなねじれがあったように思える。本論はその問題を考えることによって、民俗宗教論（または民間信仰論）の新たな地平を展望してみようと試みるものである。

「ねじれ」とは端的に言ってしまえば、「民間信仰論」の段階ではじつは信仰そのものが直接に論じられることはほとんどなく、「民俗宗教論」の時代に入ってようやく視野のなかにはいってきたという事態をさしている。もちろんこのような表現は多分に舌足らずなところを含んでいる。もっと丁寧で正確な議論をするために、まずはこの移行に関して、その論理的な構造を確認するところから始めなければなるまい。

移行の問題については筆者自身も論じたことがある（真野１９８８）。それを現在の視点から再度ふりかえっておこう。中心になる論点は二つあった。一つは社会的文化的な基底としての民間信仰の衰退、もう一つは地域社会の変質である。

第一の、社会的文化的な基底としての民間信仰という概念についてまず述べよう。かつて日本の民俗学理論において、民間信仰という実体領域および民間信仰論という研究領域はきわめて特別な地位を期待されていた。たとえば年中行事や人生儀礼といった諸儀礼の研究は民間信仰のそれとほとんど異ならないという特徴があった。年中行事・人生儀礼どちらの領域も時間にかかわる民俗事象群であるにもかかわらず、時間の経過や観念そのものが論じられることはほとんどない。かえって、そこに見られる諸儀礼の背後にどのような民間信仰を抽出できるかが主たる関心事となっていた。民間信仰的事象群を時系列によって再配列したものが年中行事であり人生儀礼にほかならなかったとさえいってよかったのである。口承文芸の領域においてはどうであろうか。この領域では、たとえば弘法清水の伝説をたんに清水にまつわる伝説として完結させるのでなく、大子《おおご》＝神の子という民間信仰上の観念を設定することによって説明しようとした、かの柳田国男の方法を想起してみればよい（柳田１９４０）。あるいは村境という場所へのおおいなる関心は、民俗学における民間信仰領域の優位性を雄弁に語っている。ある民俗学辞典では村境という概念がつぎのように説明される。「民俗学が関心を向けてきた村境は、必ずしも明確な領域を前提とした境界ではなく、社会生活が営まれる村落の内を外から区別するものとして表象される。それは境界線ではなく場所であり、しかもそこにまつられる信仰対象やそこで行われる儀礼によって可視化される（傍点は引用者）」こと、村境を守る神がまつられることとか道切りや虫送りの習俗をとおして「村人にとって重要で神聖な場所」であることが強調されるのである（八木２０００）[1]。もちろん村境がこのような性格をはらんだ場所であることは民俗学独自の研究成果であり、その発見の意義に疑いをさしはさむ余地はない。しかし考えてみれば村境とは、何よりも先に社会が設定した地理上の概念として記述され考察されなければならないはずであろう。それにもかかわらず、民俗学者たちは民間信仰につながる要素にほとんどの関心を注ぎ込んできたのであった。したがって、村の境界がどのようにして設定され、どのようにして維持されるのかとか、村境の内側にはどのような社会的規制が課せられ、それが外側ではどうなるのか、といったような問題設定で村境が考察されることはほとんどなかったといってよい。村境はまさしく民間信仰の領域に含まれる観念として定位されたのであった。

民俗学における民間信仰論のこのような特異性は、固有信仰論というパラダイムとしても現れた。民俗学は日本人のエトノスを明らかにする学問であると位置づけられたとき、そのエトノスの中核にあると考えられたのが固有信仰であったといってよいだろう。しかも特筆すべき点は、この「固有」という概念が信仰研究の領域においてのみ現れたことである。その事実をみるだけで、文化の中核に固有の信仰が存在するという仮説、あるいは民俗学という学問をきわめていけば固有の信仰にたどり着けるという信念が、民俗学にとってどれほどに重大な意義をもっていたかが理解できよう。

ただそうはいっても、ことの次第はおそらくその逆だったのだろう。つまり固有信仰論という民俗学内部でのパラダイムの重さが、民間信仰という民俗事象を社会や文化の中核という地位におしあげていったのであって、その反対、つまり社会的文化的な基底としての民間信仰がまず想定され、それが固有信仰論に発展していったのではない。となれば固有信仰の否定は、ただちに民間信仰の地位低下に直結するはずである。櫻井徳太郎による固有信仰論放棄の公式声明(2)――それがけっして櫻井個人の独創によるものではなかったにせよ――は、つぎの段階への大きなステップになったといわなければならない。

さて民間信仰の基底化をささえたもう一つの柱は村落社会であった。この点について詳論することはもうしないが、村落生活のうえに想定された共同体的社会こそが、固有信仰論にまでつながる民間信仰の母体であると位置づけられてきた（真野1988）。当然の帰結として、村落社会の解体や変質は、民間信仰論の枠組みの変更につながる。そしてそのような解体・変質は近年の日本社会においてで実際におこったことと認識され、民間信仰という概念も理論的に期待される役割を終えた。

以上のような要因によって、民俗学理論のいわば「世俗化」(3)が実現したことになるのだが、その結果として登場してきたのが民俗宗教なる概念であった。その内容を櫻井はつぎのようなイメージによって説明した（櫻井1978）。すなわちこの社会のいっぽうの極には成立宗教・創唱宗教があり、他方の極には民間信仰・固有信仰がある。二つの宗教領域は地域社会における現実の生活にむかって手を伸ばしていき、やがて接合する。そうして作り上げられた領域こそが内容的に最も豊かで活発な様相を見せている(4)。

池上良正はこのようにして創出された民俗宗教概念を、統一的・静態的なモデルから複合的・動態的なモデルへの転換と特徴づけた（池上1999）。ここで複合的というのは柳田国男によって主導されていた祖霊信仰や家の神の信仰に一元化できない現象への着目を、動態的というのはさまざまなカテゴリーの宗教の相互作用によって民俗的信仰をとらえようという視点をさしている。このようにして民俗学における信仰＝宗教研究はつぎのステップに踏み出してきたのである。

Ⅱ…民俗宗教の動態性

ところで民俗宗教が複合的・動態的であるといったとき、その具体的な内容はどのように理解したらよいのだろうか。

じつをいえばより一般的な民俗学の文脈において、民俗の変化／不変化、あるいは動態的／静態的という様相の対立は、解きがたい難問の一つである。周知のように民俗学はその初期段階において、「変化する歴史」対「変化しない民俗」という対立軸のいっぽうの極に自らを位置づけるというのが普通の姿勢であった。固有信仰という概念の設定は、そうした姿勢の延長上にある。その場合の変化／不変化は原始・古代まで見とおすようなきわめて長い時間スケールの上での想定であったのだが、固有信仰あるいは固有文化という前提にかならずしも執着しないならば、時間のスケールははるかに短くなる。そこでたとえば近代化とか高度経済成長という急速な社会変化にともなう民俗の変化に着目するような視点がうまれてくることになる。ただその場合、変化をもたらす要因はあくまで、社会・経済・政治などのように、民俗をとりかこむ環境のなかからやってくるものであった。

それに対して変化することや動態的であること自体を民俗の本質的要素とするとらえ方もじつはありうる。

第一のとらえ方は、民俗事象のさまざまな変異・変化形が現に存在しているという事実それ自体に着目するという視点である。それは民俗学にとってもっとも根源的な存在根拠であった。なぜ変異・変化するのかという問題はさておき、かず多くの変異形の同時的分布を時間差に置き換える方法として、周圏論やいわゆる重出立証法などが編み出されたからである。ただし正確にいうならば、右のような推理手法は、じつは異なった場所での異なる民俗事象の分布と、異なった場所における同じ民俗事象の分布という、二つの相対立する現象に論理的根拠をもつのでなければならない。そう考えるならば、なぜ場所が異なると民俗が異なるのかという問題と同時に、なぜ異なる場所に同じ民俗が存在しうるのかという問題も成立することになる。いずれにせよ何らかの解釈を導くことに資するであろうデータを提供すべく、数多くの民俗地図が制作されたりもした。

第二のとらえ方は、外部からの与件が地域社会にとりこまれる際になんらかの再定義をともなったり、再定義を経ることによって地域社会にとりこまれることが可能になったりするという現象に着目する視点である。たとえば相模に所在する大山の信仰を取り上げてみよう。この山は修験道の山として山上には不動明王がまつられ、いっぽうでは雨降山という別名が雨乞い信仰の存在を表わしていると言われてきた。しかし地域の実態においては、その土地柄によって雨乞い

＝農耕の神であったり、海から見れば山あての目標になるところから漁師や船乗りたちの信仰対象になったり、それとは別に江戸・東京の商人職人からの絶大な信仰をあつめたりした。こうした多面性は、大山という山がもつさまざまな属性がそれぞれの土地柄の必要に応じて再定義され信仰されるようになったという前者の例である。

それに対して後者の例としては別の習俗をあげることができる。四国遍路の慣行のなかでは、巡礼者たちは札所に参詣する際に納経札（納札ともいう）という小さな紙の札を納めることになっている。これは本来は仏前に納経したしるしとして納めるものであるのだが、四国という土地柄においては別の信仰習俗を生み出した。すなわち沿道の村々における接待の慣行とむすびついたとき、厄除け・魔除けの呪符として家の門口に貼るとか、多数を縄に挟み込んで集落の入り口に張りわたして魔除けの道切りにしたりするなどの民俗慣行がうまれた。これなどは元来のものと異なる宗教的意味を帯びるようになったという点で、典型的な例である。

変異・変化ということに関するこの第一のとらえ方においては、そこにあらわれた客観的事実をどのように説明するかという問いに対して、何はともあれある一定の試みがなされてきた。もちろんそうはいいながらも、周圏論や重出立証法それ自体の論理的妥当性をどのように評価するかは、また別の問題である。今日ではむしろ実際の交通ルートやある種の（民俗）文化圏などを想定しながら、その意味を考えていこうとするほうが主流となってきたようである。

では第二のとらえ方に関してはどうであろうか。じつをいえば、この点に関して日本民俗学という学問が自覚的であったとは見なしがたいように考えられてならないのである。むしろこのような様相を呈しているときこそ民俗は民俗と呼ばれるにふさわしい、というある種の気分や好み、そういって悪ければ無意識でア・プリオリな前提の上に民俗学はなりたってきたというほうが正確なのであろう。

民俗は常に変異し、再定義されつづけている、という右のモデル自体は決して不毛なものでも、まして否定されなければならないものでもない。批判されなければならないのは、民俗学がそうしたモデルの上になりたっているというパラダイムに無自覚だったことである。そして前項で述べた「民俗宗教」という新しいパラダイムは次項以下で検証するように、民俗の内面性に着目したという点で、じつは相呼応するモデルだったということができるのである。

Ⅲ…〝信仰〟概念が指示していたもの

このようにパラダイム転換をとげつつある宗教研究ではあるのだが、それでもなお抜け落ちていたものに気づかないわけにはいかない。それは民間信仰ということばに含意されていたはずの「信仰」という部分である。前項で指摘した変異・再定義というプロセスに絡めていうならば、

- 信仰の作り替えは誰がおこなうのか。
- 信仰の再定義は誰がおこなうのか。

という問題とも関わってくる。考えてみるときわめて奇妙なことではあるのだが、民間信仰とい

う名辞が採用されながらも、その民間信仰は誰によってどのように「信仰」されてきたのか、という問題はほとんど誰からもかえりみられることがなかったように思える。(5)

そこでまず、民俗学においてなぜ民間の宗教についての研究が、たとえば民間宗教論ではなく、民間信仰論と呼ばれ続けてきたのだろうか、簡単にそのあたりを確認しておくことにしよう。ただし「民間信仰」という用語をはじめて使用した姉崎正治（姉崎1897）までさかのぼるのではなく、民俗学のなかでこの用語にこめようとしてきた意味合いに、検討の対象を限っておく。

じつをいえば民間信仰という用語について、管見の限りもろもろの解説はその範囲を述べるにとどまっていて、なぜ「宗教」ではなく「信仰」だったのか、という点を論じていない。そのなかでかろうじて堀一郎のみが、そのことに触れている。堀は一九七一年の段階で、神話・儀礼・呪術行為・祭式・行事などをふくめたものとしての folk religion を

民俗宗教、民間宗教、民衆宗教と訳す場合もあり、学問的にはこの方がより正確な言いあらわし方だと思われる。（堀1971　1頁）

と、「民間信仰」という用語以外の選択がありえたこと、そしてそのほうが正確であるとの認識をまず示した。そのうえで、

「宗教」という日本語のもつイメージには、いわゆる成立宗教にみられるような教祖・教理・

教団組織といった要素が漠然と予測されている。そこでより正確にあらわすなら、民間信仰儀礼というのがいちばん正しいかもしれない。あるいは強いて宗教という語を用いるなら民俗宗教というのがよいように思う。（堀1971　1頁）

とした。これに先立つ一九五一年時点において堀は

我国の神社神道のあり方は極めて微妙である。創唱と体統《ヒエラルキー》の二つの要素を重視する人にとっては、これを「宗教」と呼ぶべきか、「信仰」と呼ぶべきかは、問題を残している。（堀1951　10頁）

と述べているくらいだから、宗教と信仰の違いをはっきり認識していたのは明らかである。とはいうものの、宗教と信仰がそれぞれどのような意味内容で使われるべきかに踏み込んだ議論がなされたわけでは、かならずしもなかった。民間信仰に関する堀の議論のおおむねの傾向から推量するに、民間信仰を成立宗教と対峙する構図においたうえで、なお信仰を儀礼と未分化な事象群[6]という場所に位置づけたと理解しておくのが適切なのであろう。

するとここで堀の検討から離れて、ただちにつぎの問題が浮上してくる。信仰と儀礼とはどのような関係にあるのか。また信仰研究と儀礼研究はどのように区別されるのか、あるいはされないのか、という問題である。小稿冒頭の、民俗学における年中行事とか人生儀礼とかの領域は、

民間信仰的事象群を時系列によって再配列したものにほかならない、という指摘も思い出してみよう。

右の堀一郎における「民間信仰」という概念の検討からわかったことの一つは、「信仰」ということばが使用されながらも、じつはそこで研究者たちがみようとしてきたのは「儀礼」とか「現象」ということばでさし示されるものだったということである。そして民俗的な「信仰」世界とは、研究者が儀礼や現象の研究をとおして構成あるいは再構成することによってはじめてその存在が想定されるものだったのである。すなわち信仰とは理論的な想定でしかなかったから、たしかにそのように信仰されていたのか、ということは誰からも検証されなかった。

具体的に民間信仰研究がどのような素材をとおしてなされるものであったか、たとえば直江広治による屋敷神の研究を例にして簡単に確認しておくことにしたい（直江1966）。ここで直江が着目する屋敷神の要素は、まず祭祀のための集団または単位であった。それが家ごとにまつられるのか、特定の旧家だけにしかないのか、あるいは一門全体でまつっているのか、という基準で屋敷神習俗の全体が分類され、その変化の順序が推測された。つぎに信仰内容への関心から、神の名、神屋と依り代、祭日と神供、祭場といった種々の祭祀方式に関するデータが集積された。また直江がとりわけ関心をよせたのが屋敷神と祖霊との深い関連であったが、そうした神の性格を考察するにあたっても、そのよりどころとなったのは、屋敷神をまつる人々の信仰そのものというよりは、どういい伝えてきたか、という伝承であった。

このように民間信仰の研究とは、さきに堀が述べたような諸要素、すなわち神話・儀礼・呪術行為・祭式・行事などに研究対象を分解することによってなされたのである。とはいえ筆者の意図は、そうした方法の限界を欠陥であったと指弾してことたれりとするところにはない。具体的に目に見える要素に分解することによってあるものの本質にせまろうとする方法、すなわち「分析」とは、近代科学のいわば王道として確立した方法であり、あるいは少なくともある学問分野において近代科学としての整備を企図したとき、必然的に採用された方法であったことだけは忘れてならない。

典型的な実例として、たとえば二〇世紀初頭、J・B・ワトソンによって提唱された行動主義心理学の隆盛を例にとってみよう。ワトソンは科学としての心理学は意識とか内観を排除して、対象を客観的な行動に限定すべきであり、それを観察可能な刺激‐反応の側面からだけ扱い、そこに行動の法則を組織的に求めていくべきだという考えにたち、刺激（S）と反応（R）の機械的結合によって動物や人間の行動を説明しようとした（梅津1984 萩野1998）。このように極端な——むしろ素朴な、といってよいかも知れない——科学主義・客観主義はやがて批判され、ときにはなんらかの修正を加えられたうえで再生したりすることもある。だが客観的に観察可能な行動や事物から研究が出発しなければならないという原則は、もちろん今日にあって否定されてしまったわけでは決してないのである。

Ⅳ…〝信仰〟の発見

民俗学もまた——おそらくそれほど自覚的でなかったとはいえ——以上のような客観主義の道

を追求するという潮流のなかにいたのだが、それでもなお言葉の素朴な意味における「信仰」もしくはそれにつながる心情に着目した記述が、初期の民俗学のなかに生まれなかったわけではない。筆者はその稀有な例を柳田国男の文章のなかにも見いだせると考えている。それは『先祖の話』の冒頭にちかい一節である。よく知られた話なので、要点だけにとどめよう。

柳田はあるとき、東京南多摩の丘陵地帯で陸川という老人と出会い、バスを待つ間の短い時間、話をした。陸川老は越後高田の出身で、東京にでてきてそこそこの成功をおさめた。かなりの家作ももち、六人の子供たちにもそれぞれ家を持たせることもできる。母も安らかに見送り、墓も相応なものができている。そして「新たな六軒の一族の御先組になる」のだとほがらかに語ったのだという（柳田1946）。

柳田の祖先崇拝論・祖霊信仰論に展開していく記述として、あまりにもよく知られた話である。けれど柳田はここでけっして陸川老の話を分析的に考察したわけではない。というより、面白いことにこのやりとりはいわゆる民俗調査でさえないのだ。どこにでもありそうな行きずりの出会いをとおして、老人の素朴な述懐を素朴に記述し、そこから素朴に祖先という観念の常民における実在を確信しただけのことである(7)。

もちろん柳田のこの記述は、日本人にとっていかに祖先崇拝的心情が普遍的であるかということへの決定的な証として受容されたのであって、理論とデータの間の微妙なバランスのとり方をものがたる記述としてうけとめられたわけではなかった。そこで民間信仰論において、柳田によって主導された祖先崇拝論・祖霊信仰論は動かしがたい定説として定着していったのである。

そして民間信仰へのまなざしに変化が生まれたのは、柳田国男の死後である。柳田によって強力に方向づけられていた民間信仰論に、ようやくほかの選択肢の可能性が生まれてきたのである。それはたとえば仏教民俗研究であり、シャマニズム研究であった(8)。ここで筆者がとりわけ興味をもつのは、櫻井徳太郎によって精力的に開拓されたシャマニズム論の分野である。シャマニズムという素材それ自体は、世界の宗教研究のなかで目新しいものではもちろんない。また日本の初期民俗学においても、巫女をはじめとする巫覡《ふげき》への関心は柳田のなかにさえすでにあったものである。しかし柳田の死後に再生した巫覡への関心は、シャマニズムという世界的視野のなかに位置づけられたばかりでなく、実証的なフィールドワークをともなう形で実践されたために、まったく別の様相をもたざるをえないことになった。

その違いを本論との関連でいうならば、データの主要部分をシャマン自身の証言に依存するしかないという点にある。それは民俗学初期の巫覡研究と比べた際の最大の強みであると同時に、理論上の疵になりかねない難点であったともいえる。さきに指摘したように、近代科学の標準的な立脚点が客観性・追跡可能性というところにあるならば、シャマン自身の内面に生じたことはどのようにして客観的なデータになりうるのか、という問題である。その危険性については、佐々木雄司が精神医学の立場からしばしば「不全感」を覚えざるをえないとし、「たとえば、トランスやエクスタシー、憑依、真のシャマン体験や疑似シャマン体験、あるいはシャマンは精神病なのか否か、トランスに入っているのかインチキをしているのかは外からの観察で判るのか」（佐々木1981 6頁）と率直な問題提起をしているほどである。

佐々木の問題をどのように解いていくのかは、シャマニズム研究にたずさわるすべての研究者に課せられた必須の課題であるが、ともあれ新しいシャマニズム研究がシャマンへの直接インタビューの上に築かれていったことは疑いない。いいかえればこの分野の研究を手がかりに開拓された民俗宗教論において、民俗学ははじめて〝信仰〟と〝個人〟を発見した。あるいはそれと向き合わざるをえなくなったのである。

それではこの節の最後に、櫻井徳太郎がシャマン自身の信仰をどのように描いたのかをみておくことにしよう。

そうこうするうちに、暁の二時頃、夢か現かはっきりしないが、外で霰が降っているような音が聞えてくる。かと思うと台風がごうっ、と襲いかかってくるような気配がする。どこか未知の世界へ引きずりこまれるようで、何とも形状しがたい寂寥感の虜となる。しかしこれに負けてはならない。これこそ神が自分を試練しているのであろう。これにたえて初めて神のご利益がもたらされるのであろうかと、余計に力を集中し一心に般若心経を読誦する。やがてぴかっと閃光の玉が目の前の俵の上で光った。はっと驚いてその方へ顔をやると、急に周囲が明るく見えてきた。すると、何か星のような光るものがぱっと散ったと思うまもなく、神棚のほうでどしんという大きな音がした。その大音響が耳へ入った途端に、光りは消えて以前の漆黒の闇に還った。あまりのショックで心臓の鼓動が止まるのではないかと思われるほどであった。（櫻井１９８８　１０９〜１１０頁）

このくだりは青森県下北半島のあるイタコ（大正四年生）が四年の修行ののち、最終的に入巫《にゅうぶ》の許しを得るにあたって実践した儀礼の一部である。たとえこの状況がどう類型化されるにせよ、そこにどのような心的状態が生まれたのかは、本人のみしか語ることができないものであったことが理解されよう。

V…〝信仰〟論の可能性

しかし民俗学の研究史がここで終わってしまったわけでないのは、もちろんである。大勢としては民間信仰論＝民俗宗教論のみならず民俗学全体において、個人への関心は依然として薄いままにあった。〝信仰〟や〝個人〟のあり方そのものが研究対象として潜在的に発見されたという事態への自覚さえも、あまりなかったのかもしれない。今日の民俗学においても、しばしば「伝承者」という存在が語られることがある。「伝承」をキーワードとして成立し、おそらくはこれからさきもこの概念が中心となり続けるであろう日本の民俗学において、「伝承者」はそれに続いて重要な概念として位置づけられるはずである。ではその「伝承者」とはいかなる存在なのであろうか。標準的な民俗学辞典によってその内容をたしかめてみれば、上のことが理解できる。

民俗調査の聞き書きの対象となる人物のうち、ある社会の民俗を把握するために好ましいと考えられた者。柳田国男の表現によれば、たとえ文字の教育に疎くとも思慮深く感性豊かで、若干の指導能力を具え、幾分の余裕のあった男女で、今まで古い慣行を守ってきた人々の中で聞かれれば語りたいと思う者のことである。（古家２０００）

この規定は民俗調査を行おうとする者にとっては具体的な指針となっているいっぽうで、どこか奇妙な印象を私たちに与えてもくれる。たとえば社会学において「より好ましい社会人」、経済学において「より好ましい経済人[9]」といった人間像を描き、それを社会学なり経済学なりの調査対象として選別するということはありえないだろう。しかし民俗学においては伝承者をたんに何かを伝承してきた者とする以上に、伝承のしかたや調査への態度によってある価値判断をおこない、調査の対象をしぼろうとしてきた。すなわち右の引用のあと古家もいうように、それを伝承してきた人や人々、さらにはそれをどのように伝承してきたかということよりも、伝承されてきたものやことのほうに民俗学の主たる関心が寄せられつづけてきたということがわかるのである。

社会学や経済学にならっていうならば、ミクロ民俗学[10]とでもよぶべき個への関心は、それでも少しずつ具体的になっているといってよい。いまだ確たる方法論をもつことに成功していないとはいえ、ライフ・ヒストリーへの関心などはその一つであろうし、生業研究においても個人の知識の総量や諸相を解明していこうというような研究が試みられている。

民俗宗教研究の領域でも、最近目にした二つの論文などはその萌芽といえるかもしれない。その一つ「アルバムのなかの巡礼」（石本２００５）はある個人による団体バス巡礼が、その人自身にどのような意義をもったかということに関心をよせたものであるが、現代社会における巡礼ブームのなかで消費されるある種の気分といったところに議論を解消させるのではなく、具体的な行為に即してその心的状況を解明しようとした。もう一つの「神と対話する人々」（田中2005）の方向はそれとやや対照的である。一般に神と人間との間の心的交渉に関する研究を民俗学の領域にさがすならば、まさしくさきのシャマニズム論などに限られていたといってよい。しかしシャマニズム論における神と人間の交渉はポゼッション、エクスタシー、トランスなどという、いずれにしても通常の人間からみれば一種の異常能力か異常心理としてしか実現しえないものであった。それでは日常生活の領域で、ごく普通の人間が神と直接に精神的交渉をする場面はありえないのか、という問題にこの論文は探求の針をいれようとしたといえる。

本論をまとめよう。民間信仰論・民俗宗教論のいずれにせよ、「信仰」の論じ方には二つの可能性があるはずである。一つは外側から客観的に観察しうる事物をとおして研究者が宗教とよぶ何かを再構成し、人々はそれをまさに「信仰」しているにちがいないと想定すること、二つ目はそれを信仰する人自身の心的行為や状況そのものの様相に直接わけいること、である。皮肉にも民間信仰論という用語でこの研究領域を呼んでいた段階では、前者の意味合いでの民間信仰の論じ方がほとんどすべてであった。やがて民間信仰の相対化とともに、必然的に信仰そのものの様相や、それをになう個人が視野にはいってきたのであるが、今日にいたるまでそのことに対する自覚はほとんどなかったといってよい。ただ注意すべきは、どちらの方向であれその認識方法に正当な根拠はあるのだが、同時にそれぞれ難点も存在する。前者においては「信仰」の実在は想定にとどまるものでしかないし、後者においては客観性の確保にむけて何らかの理論構築が不可欠となる。ただシャマニズムなどのようないわば特殊極限的な世界でなく、民俗学が本来対象としていた日常些事の生活レベルで「信仰」のあり方にまともな関心がむけられることになるならば、長いあいだ民俗学全体の理論状況をリードしてきた民間信仰論・民俗宗教論は、さらに新しい段階に踏み出すことが可能になるのであろう。

注

（1）引用文中の傍点は筆者による。辞典の記述であるということによって、このようなとらえ方が学界の共有認識になっていると判断できよう。

（2）「公式声明」というのはもちろん比喩であるが、櫻井はこう言っている「柳田国男が生涯にわたって追跡した日本民族の「固有信仰」、それは柳田民俗学が辿りつく最終の目標点を示すものであった。けれども、結局は、永久に把握することのできない抽象概念であり、実体の伴わないユートピアに類するものであった。（中略）それは「真理」などと同様に、永遠に具体化されることはないとみてよい。仮りに論理的推理によって結論づけられたとしても、実体ではなくて幻想に過ぎない」（櫻井１９７８）。筆者が指摘したように（真野１９８８）、本来ならばこの一文はもっと大きな反響をよばなければならないはずであったが、なぜか日本民俗学の大勢はこの部分の理論的評価をすどおりしてしまった。というより日本民俗学はいつもこうである。なんらかの形で理論が転換しようとするとき、いつもなし崩し的にそれが行われていく。口の端にのぼっていたときそれは自明の前提であったし、いつの間にかそれは誰も口にしなくなってしまった。

（3）ここでいう「世俗化」は宗教学で概念化された、厳密な意味でのそれではかならずしもない。しかしヤン・スィンゲドーは、かつて現代における伝統的なシンボル体系の解体と新しい宗教意識の発生という現象を世俗化の文脈で捉えようとしたことがある（スィンゲドー1978）。この理解は民間信仰にもあてはまりうると考えたい。

（4）厳密にいえばここで呼ばれているのはあくまで「民間信仰」であって、まだ「民俗宗教」ではない。しかし考え方として、民俗宗教まではほんのひとまたぎであることは疑いない。

（5）「信仰」という用語は宗教研究においてもっとも根源的な概念であり、それゆえ定義の最も困難なものの一つであろう。ひとまずは、人の内面にある現実感をもたらすような心的行為・心的状況をさしている。実際には本文のさまざまな文脈からも理解できるであろうが、ひとことでいうならば、「私はそれを信じている」という言明が確認できるのかどうか、というところに問題の核心をおきたいのである。

（6）ただし堀はいっぽうで「純粋な未開社会における自然宗教」（堀1951　9頁）というような表現もとっているから、一概に宗教を成立宗教に限定しているわけでもなさそうである。ただ「宗教存立の核心の周辺に無秩序に散乱する類型的な現象群」（同右）というように、民間信仰を成立宗教との対立という環境のなかでこそ成立する現象であると位置づけている。

（7）学問としての民俗学が何かを主張しようとするとき、このように無防備にデータを提示することは、今日ではほとんどあり得ないだろう。柳田がおこなった素朴なデータ収集と記述を、よりシステマティックにおこなう方法を、今日の民俗学が果たして手に入れ終えたのかどうかに関しては、大いに論じなければならないことである。もっともこの記述にたいして「柳田国男の神学という面を否定できない」（福田1999）といったような観点からは、素朴どころではなく十分に戦略的だという評価もありえよう。筆者がここで素朴というのは、論理的な処理の方法についての問題である。

（8）柳田没後、日本民俗学の研究動向にどのような変化があったか、そしてどのような過程を経てシャマニズム研究が勃興してきたかについては、櫻井自身が自著の「序　日本民俗学の動向と巫俗研究」において要領よくまとめている（櫻井1988　3～11頁）。

（9）上記の「経済人」を、経済学におけるホモ・エコノミカスと理解するならば、つねに経済的な利得を最大にすべく行動しようとする、理想的な人間像を想定していることになる。しかしホモ・エコノミカス概念はあくまで理論的に想定された抽象的な人間像であって、具体的な調査や分析の対象ではない。その点で伝承者とホモ・エコノミカスは異なった概念水準にある。

(10) 社会学におけるマクロ社会学／ミクロ社会学、経済学におけるマクロ経済学／ミクロ経済学という範疇化に対応させるなら、民俗学においてもマクロとミクロという二つの対立的範疇はありうるはずである。このときたとえば、いま本稿で論じている「信仰」するという行為、民俗の伝承や選択など個人レベルでの民俗の諸相に関するテーマがミクロ民俗学なるものの主たる内容になるであろう。

文献

姉崎1897…　姉崎正治「中奥の民間信仰」『哲学研究』130　1897年

池上1999…　池上良正「民俗宗教の複合性と霊威的次元」山折哲雄・川村邦光編『民俗宗教を学ぶ人のために』世界思想社　1999年

石本2005…　石本敏也「アルバムのなかの巡礼―編集しなおされる四国八十八箇所―」『日本民俗学』241　2005年

梅津1984…　梅津耕作「行動主義」『世界大百科事典』平凡社　1984年

櫻井1978…　櫻井徳太郎「民間信仰の機能的境位―創唱宗教と固有信仰の接点―」櫻井徳太郎編『日本宗教の複合的構造』弘文堂　1978年（のち『日本民俗宗教論』〈1982 春秋社〉に再録）

櫻井1988…　櫻井徳太郎『櫻井徳太郎著作集　第五巻　日本シャマニズムの研究　上』吉川弘文館　1988年

佐々木1981…　佐々木雄司「シャマニズムの問題―精神医学の立場から」佐々木雄司編『現代のエスプリ』165「シャマニズム」至文堂　1981年

真野1988…　真野俊和「民間信仰論から民俗宗教論へ―仏教民俗論の前提として―」櫻井徳太郎編『日本民俗の伝統と創造―新・民俗学の構想―』弘文堂　1988年

スィンゲドー1978…　ヤン・スィンゲドー「世俗化―日本と西欧」柳川啓一編『現代社会と宗教』東洋哲学研究所　1978年
田中2005…　田中久美子「神と対話する人々―佐賀県東松浦郡北波多村の岸岳末孫を事例として―」『日本民俗学』243　2005年
直江1966…　直江広治『屋敷神の研究―日本信仰伝承論―』吉川弘文館　1966年
萩野1998…　萩野源一「心理学」『スーパーニッポニカ　CD‐ROM版』小学館　1998年
福田1999…　福田アジオ「先祖の話」福田アジオ他編『日本民俗大辞典』上巻　吉川弘文館　1999年
古家2000…　古家信平「伝承者」福田アジオ他編『日本民俗大辞典』下巻　吉川弘文館　2000年
堀1951…　堀一郎『民間信仰』岩波書店（岩波全書）1951年
堀1971…　堀一郎『民間信仰史の諸問題』未来社　1971年
八木2000…　八木康幸「村境」福田アジオ他編『日本民俗大辞典』下巻　吉川弘文館　2000年
柳田1940…　柳田国男『日本の伝説』（『底本柳田国男集』26　1940年）
柳田1946…　柳田国男『先祖の話』（『底本柳田国男集』10　1946年）

「私」とは何か

◉ある民俗学者による考察

序…「私」とは何か、という問いかた

あらゆる人文学の根源にある課題は、「人間とは何か」という問いである。しかしたかだか一人の研究者が、いきなり人間一般についてのすべてを見通した答えなど出せようはずはない。それゆえ「人間とは何か」という問いに答えるための最初の手がかりは、私の最も身近にいる「私」自身であるはずだ。だから冒頭の問いをもう少し現実的に言い直せば、「私とは何か」という問いかたになる。

デカルトのあのよく知られた「我思う、故に我あり」を引くまでもなく、「私とは何か」という問いは洋の東西を問わず、古今を問わず、さまざまな哲学者たちが、思想家たちが深い考察を重ねてきた。いまさら筆者の出る幕など舞台の片隅にさえないだろう。そのうえ筆者は民俗学を専攻する一介の研究者にすぎない。それにもかかわらず筆者がこのような問いをあえてたててみたことの第一の動機は、この問いを決して哲学や思想研究のみに特権的に独占されるべき問題として見過ごしたままにしておきたくないからである。民俗学が人文学という学問範疇の一角に位

置する以上、この問いに対してこれまでと変わらず無関心なままでよいのか、そして民俗学ならばこの問いに対してどのような答えかたがありうるのか、そんなことを考えてみたいからである。

この問いに答えるためには、二つの見地からのアプローチが可能である。一つは①機能論的見地、もう一つは②存在論的な見地からのそれである。

① 私とはいつでも具体的な何者かである——たとえば男であったり女であったり、誰かの父であったり母であったり、会社員であったり商売人であったり、果ては何の何某という名前をもっていたり、というように——ことによって私が私であることを認めうるという見地。すなわち私は常に何者かとして世界の一部を構成しており、常に何かを介して世界と関わっている。

② それに対して、私が「今ここ」にいるという事実に直接依拠するというアプローチもある。「今ここ」とは今日の今ここであるだけでなく、昨日のあるいは明日のそれでもあるだろう。要するにどんな時でもどんな状況でも「今ここ」に存在している私が、存在しているというそのことだけによって私は私であるという確信をもちうる。

従来の民俗学が関心を持ち続けてきたのは、いうまでもなく何か与えられた役割を果たすべき、上記①で語られたような「私」が属する世界であった。いや今日にあっては、すでにその一部にすぎないというべきであるかも知れない。かつて社会には、人びとが生みだしたものを世代をこえて伝えていくのが当たり前という感覚があり、その感覚がシステムとして実際に働く場面は非常に多かった。そのようにして生みだされ伝えられるでき事やもの事を民俗学は伝承とか民俗とか呼んで、それらにさまざまな意味づけを行い、解釈しようとしてきた。とはいうものの、そこに「私」が加わるようになったのはごく新しい。民俗学が主として関心を寄せてきたのは私たちの営みによって生みだされたものごとそれ自体のほうにあり、だれがどんなふうに、とりわけそこに個人がどのように関わっていたかという点は第二、第三の関心事にすぎなかったからである。近年になってようやく個人のほうにも目が向くようになってきたとはいうものの、それでは「個人」とは民俗においてどのような存在であるのか、という問題の解明にはまだまだ十分に手が及んでいない段階である。まして「私」についてはなおさらであった。そうこうしているうちに今度は伝えていくという行為、伝えられてきたものごと、その行為を支えるために必要な安定した地域や家族などの身近な社会、等々のすべてが全体社会のなかで存在意義を失いはじめ、民俗そのものの存立さえあやうい状況になってきてしまっている。それゆえ民俗学は行く先を見失い、「落日の中の民俗学」などと酷評されながらもがきつつあるというのが現状である[1]。

上記①機能論的アプローチを成り立たせるための客観的環境が次第に姿を消そうとしている今日、だからこそと言ってよいのかも知れないが、もしかすると相対的に上記②存在論的アプローチが徐々に現実味を帯びようとしているのではないか。社会や文化全体がおおむね同じ方角に向かっている間は、人びとはその規範にしたがっていればよかった。しかし今日、そうした伝統的な規範の強制力が薄れてきて、人びとは思い思いの「私」の価値観に従った生き方を求めるようになってきた。もちろん社会人であることをやめてしまうわけではないのだが、ここで生き方というのはもっと深いところでのそれを意味している。たとえば本稿のあとのほうで触れることになる、私の死に方——人は「自ら死ぬ」という「生き方」を選ぶことさえできるのだ——だとか死後の始末であるとか、そういうことへの選択などさえも含んだ「生き方」、言い換えれば私自身としての存在の仕方そのもののことである。自分がこの世界のなかで何者でありたいのかといった欲求とか選択は、そのあとにやってくることであるにすぎない。

これまで民俗学はそのような存在論的問題については触れてこなかったし、そのための方法への見通しをもっているわけでもない。民俗学が通常科学としての性格を強め、一定の経験データにしたがって客観的に承認しうる結論を導き出すことを求めるようになってからは、なおさら「存在」などと答えようのない問いをたてることは、科学的でないとして排除されるのが当然の成り行きであった。だが現実に「私」はさまざまに存在している。いま机を前に座ってこの文章を綴り、「私とは何か」という問いに何とか答えてみたいと呻吟している私自身もまた「私」の一つのあらわれである。私たちはよほどのことがない限り毎日の生活をごく当たり前にこなしている。当然のことながら「私とは何か」などという疑問——日々の暮らしのなかでなら愚問といってしまってもよいのだが——に絶えず縛られながら生きているわけでもない。だから今この世界に満ちあふれている、私にとって数々のごく当たり前の日常をいったい「民俗」と呼んでしまってよいのか、などという非生産的で煩瑣なだけの迷いからいったん解き放たれしまおう。そうすれば、民俗学が解明しなければならない問題、そしてもしかしたら民俗学でなければ解明できない問題は無数に見えてくるかも知れない。機能論的であれ存在論的であれ、「私とは何か」というさきの問いに答えるための手始めとして、本稿ではそんな様相を見わたす作業を試みたいと考えている。

本稿で論じる手順は大きく二段階にわかれる。最初に考えなければならないことは、「私」とは私たち自身が捉えているほどそんなに単純で当たり前なのかという問題である。そのとおりであるとするならば、私たちにとって「私」は一通りしかないはずである。しかし決してそうではないことを最初に考えてみよう。そして二番目に考えてみようとするのは、それぞれの「私」にとってのいとなみとしてどんな生き方が生みだされるのかという問題である。ただ二段階といっても本稿全体を前段と後段とにわけてしまうのではなく、さまざまな「私」を考察するところから生じてくる、具体的な当たり前を見つけ出していくという方法をとることにする。

I…「俺とお前は別の人間だぞ」と言い切る「私」

最初に言っておかなければならないことは、「私」はあえて深く考える必要もないほどごく当たり前に私の身辺に実在し遍在しているという事実である。常識的に、私たちは「私」をいったいどのように了解しているだろうか。もっとも簡単明瞭な答えを、ある映画のセリフから借りてくるならばつぎのようであるだろう。

お前頭悪いな。俺とお前は別の人間だぞ。早え話が、俺がイモ食えばテメエの尻からプッと屁が出るか？(2)

映画『男はつらいよ』シリーズの第一作、「男はつらいよ」の主人公フーテンの寅さんこと車寅次郎が発した言葉である。

我々はいわばこういう端的で明快な常識のなかで「私」を認知している。さまざまな生命活動、つまり生まれるところから始まって、食べ、排泄し、眠り、立ち、歩き、痛みを感じ、苦しみ、そしてなによりも最後に一人で死んでゆく。すべては私（だけ）の身におこっていることであり、どの一つをとっても私以外の人間に肩代わりしてもらうことはできない。もちろん逆も同様である。このような私以外のいわゆる他人をもう少し社会的文化的な脈絡から見るために、本稿では「他者」と呼ぶことにしよう。我々の社会は、私を含めた多数の他人＝他者たちから成り立っている。もちろん私自身とても他人からみれば他者の一人にすぎないわけだから、相互のしかも膨大な他者関係が社会を構成しているということができる。同時に「私」は、そのように膨大な数の、かつ多様な他者たちのどこに居場所をもっているのかを常に考えながら行動していることになる。

他者たちはさまざま関係のもとになにか共同の行動をおこしたり、組織を作ったりする。だが他者たちの関係は一筋縄ではいかないほどに複雑である。親和的な関係もあれば対抗的さらには敵対的な関係すらもある。なによりもまず私と他者との間にあるのは、自分と同一ではないという認識だといってよい。むしろそこで、「同一ではない」というごく当たり前で客観的な事実があえて意識のうえにのぼってきたとき、私はその、自分とはことなる人物を「他者」と呼ぼうとするのである。

私と他者たちとの関係はしばしばアイデンティティという概念のもとで言及される。ただこの言葉は、同一性（または自己同一性、自我同一性なども）、存在証明、主体性などとさまざまな訳語が与えられ、エリク・エリクソン（エリクソン1959ほか）によってこの概念が精緻化されたことは周知のとおりである。ただエリクソンは主として（発達）心理学のなかでの議論が主であったが、社会学や哲学、はては数学（同一律）のほか、日常用語としてコーポレート・アイデンティティ（経営戦略用語として）、ナショナルアイデンティティ（政治用語として）、アイデンティティ・カード（身分証明書）などのように、意味それ自体も使用範囲もきわめて広いところまで拡散してしまった。ただここでアイデンティティ概念を持ちだしたのは、もちろん前述のように私と他者との関係を論じるためであるから、以後の論点はそこにしぼることにする。

さてその意味において私にとってのアイデンティティは個人のレベルと社会のレベルと二つがあるだろう。さきに個人のレベルでのそれについて簡単に述べておく。

心理学における重要なテーマの一つにアイデンティティ・クライシスという概念がある。自我同一性の喪失とでも訳したらよいだろうか。私は何者であるのか、私は何者でありたいのか、私は何者であろうとすべきなのか。そういった事ごとへの素朴な確信を見失った状態をさすといってよい。心理学の立場からは従来、青年期にある若者に特有の現象とされてきた。いわゆる反抗期における諸行動などはその典型的な症状である。

ところが興味深いことに近年にいたって、アイデンティティ・クライシスは中高年者や高齢者たちにとっても大きな問題になりつつある。家族の生活を維持させるために、また職場における仕事の面白さに我を忘れ、あるいは職場におけるさまざま人間関係にわずらわされながら、一心不乱に仕事をしてきた人びと。あるいは子どもを一人前の成人に育てるべく心を砕いてきた人びと。そのような人びとが定年を迎えたり、ひとまず自分に与えられたと考えてきた義務を終えたと判断したとき、さてこれから自分はどうしたらよいのかという問題につきあたって途方にくれてしまう。そしてその問題を解くべく、地域活動に力を注いだり、巡礼の旅にでかけてみたり、趣味のサークルに参加したり、といった行動にでたりすることがある。このような欲求や行動のことを、近年では「自分探し」と呼ぶようになった。まさしく存在としての「私」に関して生まれた新たな問題意識である。

なぜ「自分探し」ブームが近年のできごとであるのかという問題は別にして、このような欲求や行動を必要とする動機の最たるものは、私と他者との関係からの帰結であるといってよいだろう。R・D・レイン（1961　94頁）は次のように言う。

女性は、子供がなくては母親になれない。彼女は、自分に母親としてのアイデンティティを与えるためには、子供を必要とする。男性は、自分が夫になるためには、妻を必要とする。愛人のいない恋人は自称恋人にすぎない。見方によって、悲劇でもあり喜劇でもある。〈アイデンティティ〉にはすべて、他者が必要である。誰か他者との関係において、また、関係を通して、自己というアイデンティティは現実化されるのである。

つまりこれまでは生きるという課題を達成するために、また自分が自分であるという確証をえるためにどうしてものりこえなければならなかった、「私‐他者」関係のほとんどが突然リセットされてしまった。そんなとき人は却って途方にくれてしまい、あらたな自分探しの旅に出発することになるのである。

このことは民俗学との関係でみれば、こうも言える。これまで民俗学においては単なる調査項目としてのみ問題化されるにとどまってきた、地域、巡礼、趣味――さらに以下で触れる死――などの諸事象を「私‐他者」関係の再構築、もしくは「私」という存在の再定義という角度から検討する機会が巡ってきたということにほかならない、と。

さらにここから少しだけ議論の間口を広げておこう。人はどのようにして死を迎えるかという行動の選択が、かなり大きな課題になってきている。医療技術が発達し、病院のシステムも充実してきた高度経済成長期以降、人びとのほとんどは病院で死を迎えるようになった。それ以前だったら手の打ちようがなく、あまり時間をおかずに死んでしまった病人も、あらゆる手立てを動員すれば、かなりの期間、すくなくとも生命だけは維持できるようになってきた。だがそれとひきかえに、無機質な生命維持装置につながれ、生命だけはかろうじて保っているという状態である。これも一種のアイデンティティ喪失の状態といえる。このような状況に対して、いわゆるQOL(quolity of life　生きることの質)を守るべく、あえて積極的な治療を拒否したり、自分のアイデンティティを守るにふさわしい治療方法を選択したりというケースも増えてきているという。そのなかにはたんに自分がやり残したことを成し遂げておきたいというケースだけでなく、他者との交流を最後まで維持しておきたい、という欲求も含まれているであろう。「私」と他者との関係は、死の瞬間まで、あるいは死んだ後にも、「私」にとって大きな課題なのである。

つぎにさきほどあげた二番目、社会的な文脈における「私‐他者」アイデンティティに関する検討に移ろう。

我々は多くの他者たちとどのようなことを実際に行っているのか、またそのとき「同一ではない」という意識はどのように処理されているだろうか。何でもよいからある組織を想定してみよう。そこには多様な才能や性格をもった人びとが集まり、一定の目標を実現しようとしている。それは人びとが多様であるからこそ実現が可能になるといえよう。しかし共同の目標であるからといって、人びとが互いにもつ意識は当然のことながら同一ではありえない。どれほど親しみをもてる相手だからといって全面的に同一化されることはない。同じ目標をめぐってさえ、味方もいれば敵もいる。うっかり気を許せば何がおこるかわからない。だからどこまでいっても自分とは違う――「よそよそしさ」とでもいったらよいだろうか――という感覚がなくなることはないはずである。他者とはしたがって私に対して全面的に肯定的な存在になることはない。民俗学者にかぎらず、およそあらゆる学問領域で社会というものを研究しようとしている研究者たちが、社会というものはそのように多くの他者たちどうしの関係によって成り立っていることを前提に、研究にあたっているのはいうまでもない。

ところがこれらの事態に反して、そうした他者の他者性をあえて様式的にまたルールとして表現する機会もある。一つの典型的な例をあげるとするならば、スポーツである。たとえばオリンピックの年には、互いに競い合うという目的をもった競技者たちが世界中から集まってくる。スポーツとはそれぞれに定まったルールのもとで相手、つまり他者を打ち倒すこと、自分のほうが相手よりも優れているということを当の相手や第三者である観衆たちに見せつけるという行為である。勝利をおさめることに成功した競技者は、そのことによって光を投げかけられ、存在そのものが際立たせられるだろう。また勝利をおさめた側を応援していた観衆たちも、相手側よりも優れている側に立っていることを、相手方の観衆たちや中立の第三者に対して誇ることができる。

このような差異の強調と確認という行為をとおして現れた他者たちは、おおざっぱに言えば、「私」にとって二つの顔をもっている。一つは理解しがたい顔、もう一つは理解しうる顔である。前者の顔はさきに述べたように時には否定的に受け止められる顔といってよい。要するに何を考えているかわからない、得体がしれず、時には危害を加えてくるかもしれない恐ろしい存在である。その行き着いたさきにはしばしば戦争——人間の歴史をみれば、「しばしば」どころか「絶えず」といったほうがよほど正確であったろう——があった。そして後者は、同じ基盤の上に乗っていることに由来する、理解できる側面である。スポーツにおいて負けた側が相手の勝利をたたえることもできるし、勝った側が相手の敗北感をおもんばかることもできる。競い合いつつも、だからこそ人間という同じ基盤の上にのっているということへの確認だといってよいのだろう。もちろんそこまで重くなくても、「苦しそうだなあ」「痛そうだなあ」などといった、五感に属する程度のごく原始的な理解でもかまわない。

それゆえ、他者論はきわめて複雑な様相を呈することになってしまう。私という存在への素朴な確信があり、それと同程度に他者が存在し、他者はまたそれぞれに「私」としてふるまう。さらに他者はそのように自分自身を認識しているということ、さらに他者からみればほかならぬこの私自身が他者であるということを「私」のほうでも承認せざるをえない。自己に対する他己、自我に対する他我などという、少々奇妙ないいまわしさえ考え出されるゆえんである。

ともあれ他者とは私の外部におり、私とことなることによって他者となるわけだから、社会とはそのような他者どうしの集合体にほかならない。ときには相対立し、いがみあったり争いあったりするが、他方では協同して社会――もちろん文化や民俗を含めて――というものを作り上げる。同時にこの社会において、人は誰でも無条件に自分自身として存在するのではなく、他者に対する私としてはじめて人になるのだといえる。

このように皆とはちがう、そのことによって自分は自分であるのだという素朴な認識は、冒頭の寅さんの言葉にもどっていけば、この人生を生きている我々にもっともわかりやすい「私」となるであろう。だが「私」とは「自-他」という関係で表せる相貌がすべてなのか、と考えてみるならば、もっと多様な場面で異なった顔立ちを見せてもくれる。以下の節ではそのことを考えてみよう。

Ⅱ…「この船に乗らなくていいのか」と自問する「私」

つぎのような場面を想像してみよう。私はオリンピックを見るために外国のある都市に滞在している。前節でみたようにオリンピックとは他者同士が一定のルールのもとに寄り集まって対抗する祝祭である。ホテルの窓から外を眺めれば、大勢の人びとが町を行き交っている。町の通りには、自分自身を含めて多くの人びとの所属先を象徴する国々の旗が飾られている。ホテルを出て一歩競技場に入ったときから、私はたんなる私ではなく、たちまちにして他の大勢の人びと＝他者たちと対抗する「私」に変貌するであろう。

だが競技の観戦が終わってホテルの一室にもどったとき、もういちど私は「私」からただの私にもどらなければならない。そのとき私の気持ちのなかにどんなことが去来するであろうか。この町での滞在もそれなりの期間になったし、見るべき名所もまわってしまった。気の許せそうな知人もできるにはできたが、そろそろこの町にもあきてきた。何よりもつらいのは、ホテルの食事である。いつもいつも食べている家庭の食卓が恋しくなるであろう。そんな事態を見越して、こんな抜け目のないコマーシャルがある。


【海外の食事に飽きたら和食で一息。日本人はやっぱりご飯が一番！】

お湯かお水を注ぐだけで、ふっくらとした美味しいご飯の出来上がり！　海外で食べる日本のご飯の味は格別に美味しいものです。海外旅行先で食事が合わなかった時や、日本食が恋しくなった時、また災害時の非常食としてもご利用いただけます。

【「ホッ」と一息！これぞ日本の味です。】

やっぱり日本人はこれが一番！　お湯を注いで混ぜるだけのフリーズドライ食品なので、朝、ホテルお部屋でお味噌汁やスープが味わえます。人気のＪＡＬシリーズ（長ねぎ・豆腐）、道

場六三郎シリーズなどプロの味が手軽に味わえます。（トコー online）

ここで注目したいのは、一種の惹句としてかなり頻繁に登場してくる「日本（日本人、日本食）」ということばである。ここにあらわれる「日本」には、対比するものがない。長逗留しているホテルの部屋のなかには、日本を浮き彫りにするような他の何物もないのだから当然のことである。ここにあるのはあきらかに、オリンピック会場にあった「日本」とは別種の「日本」にほかならない。

では他と対照させるものがないのに、自分を「日本人」として同定させるものは何か。それは自分が「日本人」に属しているという自己同一の認識＝アイデンティティにほかならない。もちろん自分が属している集団がアメリカ人でも中国人でもエジプト人でもなく日本人であるというふうに考えるならば、それは差異の結果としての自分であるとはいえるかも知れない。しかしいまの場合には、差異よりも「そこに属している」という帰属感情のほうがあきらかに優先しているといえるだろう。その結果としての「日本人」なのである。このように人は比較したり対抗したりする場面でなくても、自分が何者であるかを確信することができるのである。

そういった感慨を語ることばを、まったく別の場所で耳にしたことがある。

私自身ことしで四六歳になりますけれども、歌舞伎の世界とは無縁に過ごして参りましたのは皆様ご存じの通りでございます。しかし二〇〇四年に私の右隣にいる政明が誕生いたしました。父も祖父も曾祖父もつけていた「政」という文字を頭につけました。それは偶然ではありません。僕自身の意図があります。それはきょうこういう日を迎えるためでございます。七年かかりましたが、私の中で一四〇年にわたって続いているその代を僕自身が生きていて政明という長男がいて、やらなくていいのか、「この船に乗らなくていいのか」とこの一〇年、それと彼が生まれたこの七年、ずっと思ってきたことです。

しかしこの船に乗らないわけにはいかない。いろいろな迷惑も考えました。いま亀治郎くんの方からお言葉がありましたけれども、市川宗家、松竹株式会社、お客様すべての支えがあって初めて成り立つ世界と言うことも重々承知しております。そこに我々のような素人が入っていいものかと本当はきょうも怖くてたまりません。

しかしもう一度いいますが、この船に乗らないわけにいかないんです。それが僕の人生なんです。幸いなことに二〇年以上商業演劇の世界で映像の仕事をやっておりますので、少しはお客様の前で気持ちのようなものを出せるかと多少の自分自身の思いはありますが、本当に素人だと思います。本当に色んな人にご迷惑をおかけしてしまいます。しかしこれをやらねばならないと思った僕の気持ちをくんで下されば。くんで下さいというほかありません。

（かぶん online）

これは三代目市川猿之助（現二代目市川猿翁）の長男で、おもにテレビジョンや映画畑で活躍してきた俳優香川照之が、猿之助一門の名跡である九代目市川中車を継ぎ、その長男に猿之助の幼名五代目団子を継がせるときに語ったことば（二〇一一年九月二九日）である。傍点を付した人名は、かつてこの船に乗っていた人びとの名前である。何代目という表現に典型的に現れるように、香川照之の選択のなかには「あれかこれか」ではなく、まさしくこれらの人びと――すでに死んでしまった人びとも含めて――とともに「この船に乗る」という決意のあったことが読み取れることであろう。

香川照之という名前で映像の世界に地歩を築いてきたその俳優は、それまでのキャリアを捨てて――実際には一方を捨てきってしまったわけでなく、それまでの世界と新しい世界との両方で使いわけることになったのだが――新しい世界に飛び込むことを決意した。それを引用文にあるように「この船」とよび、この船に「乗らないわけにはいかない」と何度も繰り返すのであった。「船」とはまことにふさわしい呼び方をしたものである。皆を一緒に乗せている乗り物であること、そうおいそれと途中で降りるわけにはいかないこと、目指す方向も基本的にはきまっているが、ひとたび嵐がやってくれば激しい動揺や危機がまっているだろうこと、そして万一その船が沈んでしまえば皆が生死をともにしなければならないこと。さらにいえば「船」は自分を乗せてくれている乗り物であると同時に、自分たち全員が力をあわせて操る乗り物でもある。「船に乗る」という言葉には、そのようにさまざまな覚悟が表現されているといってよい。香川はそのようなすべてを承知した上で、「同じ船に乗る私」である生き方を選んだのであった。

この場合の「私」とは、他の誰か＝他者と対比させることによって確認できるような存在ではない。自分がどこかに属していること、あるいは自分が他の誰かとつながっていることを前提にした「私」であることを、なによりも深く理解しなければならない。前節の「私」とは異なる相貌をもった「私」もまたこの世には存在するのである。

ところでこの新市川中車の挨拶にさきだち、あらたな市川一門の総師として四代目市川猿之助を襲名した市川亀治郎は次のような挨拶をしている。

こののちは猿之助という名前を次の世代に受け継ぐべく、預からせていただきまして、市川家の一門として歌舞伎界をますます盛り上げて歌舞伎のために襲名を決意しました。（かぶんonline）

おなじ船に乗る人びとと運命をともにし、そのためには先頭にたって、船を操らなければならない責任をひきうけるという決意を述べた挨拶である。

そしてこの表現から、これまた全く別の状況ではあったが、柳田国男のある一文を想起する人がいるかもしれない。

最近になって偶然に、自分で「ご先祖になるのだ」といふ人に出逢った。……生まれは越後の高田在で、母の在所の信州へ来て大工を覚えた。兵役の少し前から東京へ出て働いたが、腕が良かったと見えて四十前後には稍〻仕出した。それから受負と材木の取引に転じ、今では家作も大分持って楽に暮らして居る。子供は六人とかで出征して居るのもあるが、大体身がきまったからそれぞれに家を持たせることが出来る。母も引取って安らかに見送り、墓所も相応なものが出来て居る。もう爰より他へ移って行く気は無い。新たな六軒の一族の御先祖になるのです、と珍しく朗らかな話をした。（柳田１９４６　10頁）

この老人は自分の代で新しい船を作り、そこに乗り込もうとしている。もちろん最初は積極的に船を操る船頭であろうとするだろう。しかしやがて年老いて、若い者に船の扱いをゆだねる。そしておそらく、死後も自分はその船に乗っているに違いないという確信をもっている。「新たな六軒の一族のご先祖になるのです」という表現はそんな気持ちを表していると解釈してよい。つまりここでも「船に乗る」とは生きている人間だけのことではなく、死んだあとの行く末にもかかわっているという信念とともにあるのである。この考え方をさらに言い換えるならば、社会とは生きている人間のみのものにとどまらず、死んでしまった人間をも含みながら維持されているものだということも理解できよう。

このような意識構造が多くの民俗学者にとっては、もっとも親しみをこめて理解しやすいものであってきたといってよいかもしれない。同時に現実の行動としても表現される場合がけっして珍しくないことを、民俗学は掘り起こしてきた。一般の葬式や年忌法要などももちろんそれにあたるといえようが、それよりもっと典型的な実例は、たとえば沖縄のシーミー（清明）祭である。これは一族への帰属意識の表現そのものといってよい行事だろう。沖縄の墓はいったいにきわめて大型である。これだけ大型になるのは門中という一種の一族集団で共有されるものだからで、内部には多くの遺体が納められている。そして毎年、春分からかぞえて一五日目にあたる清明の日に門中総出でシーミー祭が行われる。これは本土で行われる先祖祭りのように、様式化されときには厳粛な雰囲気をただよわせる儀式と異なり、まことに賑やかな祭りになることが一般的である。赤かまぼこ、三枚肉の煮付け、結び昆布、厚揚げ、魚天ぷら、お餅を重箱に詰めたものなどなど、ありとあらゆるごちそうが家々から持ち寄られる。さらにウガン（拝礼）のあと三味線を弾いて唄を歌い踊るなどすることもまれではない。このように、めったに顔を合わす機会のない一族親戚がシーミーを楽しむばかりでなく、先祖をともにする仲間であることを確認するのである。（福田2004 111～112頁）

Ⅲ…「あなた」と向かい合う「私」

さて次に述べようとするのは、よそよそしさに隔てられた他者たちに囲まれた「私」とも、ともに船に乗るといったような共属感情のもとにある「私」とも異なる、もう一つの「私」である。後者に似ていないこともないが、それよりもはるかに強いつながりのもとにあり、しかもごく限られた人との間だけに現れる「私」である。

ユダヤ系の宗教哲学者マルティン・ブーバーは、主著『我と汝』の冒頭で、つぎのように語った。

世界は人間のとる二つの態度によって二つとなる。

人間の態度は人間が語る根源語の二重性にもとづいて、二つとなる。根源語とは、単独語ではなく、対応語である。

根源語の一つは、〈われ‐なんじ〉の対応語である。

他の根源語は、〈われ‐それ〉の対応語である。この場合、〈それ〉の代わりに〈彼〉と〈彼女〉のいずれかに置き換えても、根源語は変化しない。

したがって人間の〈われ〉も二つとなる。なぜならば、根源語〈われ‐なんじ〉の〈われ〉は、根源語〈われ‐それ〉の〈われ〉とは異なったものだからである。（ブーバー1923　7頁）

ブーバー以前の哲学上の命題は、ここまで論じてきた――そしてつぎの節でも同様になるのだが――ように、ブーバーの用語を借りるならばあくまで〈われ〉を中核においたものであった。だがブーバーはこの書で、単独の〈われ〉だけを取り出さない。というより正確には取り出せないのである。もちろんそれゆえに〈なんじ〉も〈それ〉も――もちろん「他者」も――単独では意味をなさない。あくまで対応語、つまり一対の語としての一方であり、それゆえに〈われ〉とともに一つの根源語を構成するのである(3)。

だから二つの根源語は、それぞれ通常の辞書にあるように簡潔な定義を示すことができない。この書物一冊全部をかけて、ようやく二つの根源語の意味が立ち現れてくることが可能になるのであろう。とはいうものの、この書物一冊をまるまる引用してブーバーの哲学を語るわけにもいかない。あえてごく一部をとりだすことによって、その思想を語るほかないであろう。この本にはこんな一節がある。

〈われ‐それ〉はあくまで経験をかたるに過ぎないのに対し、〈われ‐なんじ〉は関係の世界をなりたたせているという。そして関係の世界をつくっている領域は三つあるという。

① 第一は自然と交わる生活。そこでは関係は暗がりの中で羽ばたき、言語は通じない。被造物たちは、われわれに向かって動いているが、われわれのもとに来ることはできないし、彼らにむかってわれわれが〈なんじ〉と呼びかけても、言語の入口で立ち止まってしまう。
② 第二は人間と人間の交わる生活。ここでは関係は雲におおわれて見えないが、言語の形態をとる。われわれは〈なんじ〉を与えたり、受けとったりすることができる。
③ 第三は精神的存在と交わる生活。ここでは関係は雲におおわれて見えないが、閃光のごとく自己を啓示している。言語はないけれど言語を生み出す。われわれは〈なんじ〉を知覚しないけれど、呼びかけられるのを感じ、形づくり、思惟し、行為しながらこれに答える。すなわち、われわれの口をもってしては、〈なんじ〉ということはできなくても、われわれの全存在をもって、根源語を語るのである。（ブーバー1923　11～12頁）

紙幅の関係上、以後では①と②ついて検討しておきたい。[4] ブーバーの議論の特色は、自然物との間にさえも〈われ‐なんじ〉の関係は成り立つとするところにあるといえるだろう。もちろんいつでもそうあるはずはない。ブーバーが例示しているのは一本の木との関係であった。

しかし、もしみずからの意思と他からの恵みによって、この樹木を見つめているとき、私が樹木との関係のなかにひき入れられるということも起こりうる。この場合、樹木はもはや〈それ〉ではない。独占の力が私を捉えたのである。……この樹木に属しているもののすべて、形体、組織、色彩、化学構造、および自然の要素と樹木との密かな対話、樹木と星たちとのひそかな囁きなど、これらすべてはただ一つの全体の中に包まれてしまうのである。（ブーバー　1923　13頁）

ブーバーの表現や説明はあまりに抽象的で、現実感をもってせまってこないかもしれない。だがそれは無理もないことである。根源語とは説明のための言語でない以上、筋道をとおした言葉で語ることはそもそも不可能なのだから。

だがたとえばこんな例をあげてみたらどうだろうか。日本で発達してきた修験道は山岳を信仰の対象とし、山にさまざまな意味をあたえてきた。山に住む神霊は、山で修行する宗教者に超自然的な力を与えてくれる。里に住む人びとに対しては、もっと具体的な恵みを与えてくれる。修験者たちはそれらの恵みがどのような神霊によってもたらされるのかをさまざまに説明してくれるだろう。しかしそのような説明の対象になってしまった山岳信仰において、人と山との関係は主体と対象との関係、つまり〈われ‐それ〉でしかない。けれどもそれ以前に必ずや、山そのものにに対するもっと直截的な態度があるだろう。たとえば真っ白な雪に覆われた富士山や北アルプスの山々でもよい、夕日を背景に浮かび上がる山並の稜線でもよい、真っ青な空を背景に鋭くそびえ立っているピークでもよい。私たちはそんな光景に言葉もなく立ち尽くしてしまうことはないだろうか。言葉にしてしまえば心のなかにおこった何かが、もっとわかりやすい感動に薄れてしまう、そんな経験をもった人は少なくないであろう。ここで、「言葉にできない」という感覚は重要である。まさしく自分と山とが、〈われ‐なんじ〉という関係にひたった瞬間といえるからである。山々を修行の場あるいは信仰の対象として発達してきた日本の山岳信仰の基礎には、このような言葉として表現しがたい感覚、山そのものに対する畏敬の念が少なくとも幾分かは含まれているに違いない。

次にブーバーは人間と人間の交わる生活という場面を想定している。ブーバーはこの問題をかなり広い視野で論じているのだが、主として児童文化を論じる村瀬学はそれを一人対一人という状況のなかで詳しい議論を試みた。一方の一人はもちろん「私」であるが、もう一方を「なんじ」ではなく「あなた」というもっと日常の言葉で表現した。村瀬の本は『「あなた」の哲学』（村瀬2010）と題しているように、「あなた」を主題にしているのだが、〈私‐あなた〉関係を主題にすることによって、むしろ「私」について考え抜いているということもできる。(5) だから冒頭近くには森崎和江のこんな一文が引かれている。

ある日、友人と雑談をしていました。私は妊娠五か月目に入っていました。笑いながら話していた私は、ふいに「わたしはね……」と、いいかけて「わたし」という一人称が言えなくなったのです。

いえ、ことばはひと呼吸おいて発音しました。でも、それは、もう一瞬前の「わたし」ではありませんでした。何か空漠としてそのことばが、はねかえってきました。

私は息をのみ、くらくらとめまいがしました。

つい先ほどまで十分に機能していたはずの「わたし」ということば。ひとりのときも、会話のときでも、社会で通用する内容を持っていると信じていた一人称。私の存在の自称。その「わたし」が、なぜか、ふいに、胎動を感じながら談笑していた私から、すべり落ちたのです。まるでその内容では不十分だというかのように。

私は体だけになりました。

いいえ、からだも心もとても幸福で、おなかの子が日に日に育つよろこびで満ちていました。それでも、私の総体は、世間の共通の一人称からこぼれ落ちていました。よく知っていた「わたし」が消えていました。（森崎１９９８　23〜24頁）

森崎はこの状態を、胎児の存在と関連づけて了解しようとした。

おなかの子に、何かしら話しかけているせいでしょうか。私の中の「あなた」に。まだ人格でもない子に。そんな奇妙な意識の働きは自分で自分に話しかけているときとはちがうのでしょうか。わたしはよく自分に話しかけます。でも、自分に話しかけるときは「わたし」はくずれないというしくみになっているのでしょうか。人間の意識は。（森崎１９９８　24〜25頁）

母親から「あなた」と呼びかけられた胎児は、いままさに母親の胎内にいる。これは一人といってよいのか二人と呼ぶべき状態なのか。母親がここで死ねばもちろん胎児も死んでしまう。胎児の死によって母親の命にかかわる危険ももちろんあるだろう。そうなると胎児をはらんでいる自分を、安易に「わたし」とだけ呼ぶことはできないのではないか。森崎はあるとき一瞬のうちにそうした切羽詰まった事態を理解してしまったのだろう。

親が子供を育てていれば、これに類した経験にはしばしば行き当たるだろう。子供が高熱を発し、真っ赤な顔をしてうんうんとうなされているとき、親はなんとか自分が変わってやれないかと思うかもしれない。だがもちろんそんなことは不可能である。それを承知のうえでそんな感情が起こるとしたなら、その親子はいったい二人なのか一人というべきなのか。多くの人は森崎のこんな体験に、まことにうるわしくあたたかい親子の情愛の根源を見いだすであろう。古代のイタリアで、ポンペイの町がベスビオ火山の火砕流に襲われたとき、子どもを守りたいと強く願いながらも、子どもを抱いたままのみ込まれて死んだ母子の遺体は、ポンペイの悲劇の一こまとしてよく知られている。厳寒の北海道で自動車が雪に埋もれて避難できなくなり、子どもを抱きかかえることで守りぬきながら自らは凍死した父親の行動が話題になったこともある。歴史や社会全体に目を広げてみれば、このような実例はいくらでも見つけることができる。

この事態は、前節でみた「ともに船に乗る人びと」という関係によく似たところがある。感情や運命や、ときには生死をともにする私と私以外の誰かとの強い絆をあらわしているからである。

しかし決定的に違うのは、「あなた」とは私にとってたった一人の特別な他人だということである。たんなる第二人称としてのあなたではなく、ここで考えようとしている「あなた」とは自分にとって唯一無二の特別な——関係の具体相はそれぞれ異なっているにしても——「あなた」なのである。だから「あなた」に相当する人が複数いたとしても、〈わたし-あなた〉関係はそれぞれ異なっていることになる[6]。

*

さてここで、大きく考え方を逆転させてみよう。

右のような〈わたし-あなた〉関係こそが、愛情につつまれた美しい人間的紐帯を作り上げていると、我々は受け止めたくなるだろう。理想の親子とか家族とはこうであるべきだと、ヒューマニズムにあふれた人びとは考えたくなることであろう。しかしじつをいえばこの関係が、ブーバーや村瀬の思惑をはるかに超えた事態に人を導いてしまうこともあることを忘れてはならない。一つは現実社会における〈わたし-あなた〉関係の乖離、もう一つは〈わたし-あなた〉関係の癒着といった事態である。

前者についてみれば、今日の——実際は今日に限られたことではなかろうが——家族はいつでも愛情に満ちあふれたものばかりではない。虐待、ネグレクト、暴力、離散等々、否定的な実態を抱え込んだ家族は数知れずある。〈わたし-あなた〉関係で語られる理想的な親子関係なぞ夢物語にすぎない、と反論せざるをえない実態がいくらもあることを忘れてはならない。率直に言って、民俗学が親子とか家族だとかの諸関係に暖かさという理想をおしつけるだけで、こうした否定的な側面についてほとんど口を閉ざしてきたのは確かである。

右に述べた前者はブーバーがいうところの〈我‐汝〉から〈我‐それ〉への転換であると言いたくなるところであろうが、そう簡単に割り切れるものではないかもしれない。近年「毒親」という表現をよく耳にするようになった。親が極端に自己中心的で子どもを支配下におきたがる、子どもに自分の価値観を一方的に押しつける、子どもの人格を全否定するような侮辱的言辞をあびせ続ける。そういった言動によって親子の正常な信頼関係を崩壊させ、かつ子どもに致命的な――大人になっても抜けきれない――精神的傷害を与えてしまうような事態に対して名付けられた呼称である。そのような行動は必ずしも身辺の人間関係全般に向けられるばかりとはいえず、むしろ反対に自分の子どもであるからこそ、そのように振る舞っていられるという面がある。つまり考えようによっては、むしろ〈わたし‐あなた〉関係への極度の依存が、正常な親子関係を破綻に導いてしまっていると言えなくもないからである。

そういった事態に対し、後者は決して健全とはいえないものの、〈わたし‐あなた〉関係そのもの、あるいはその変異形といえるであろう。この関係はもちろん父と子との間でも成り立ちうるが、「癒着」という言葉で注目されがちなのは主として母と子との間でおこることと考えられているようである。

母子癒着とは、母と子があまりにも強い絆で結びつきあっているため、互いに十分な自立性を確立できないでいること、そして時としてそれが病理的な状態にまで至っているといった状態をさしているといったらよいだろうか。といってもその発現の姿にはさまざまなありようがあるといってよく、一概に少々過剰気味の愛情の発露といったありかたでは語りきれないという。精神科医の馬場謙一による次のような描写を借りてみよう。

さらに目を惹くのは、母親の献身的ともいえる溺愛ぶりである。娘と必ずいっしょに来院するのは、珍しくないとして、彼女は娘の一挙手一投足に注意を払って、実に細やかに世話をやく。少し鼻をすすれば、すぐにハンカチを出し、用意のカーディガンをはおらせる。髪をとかしたり、衣服を整えてやったり、額に手を当てて熱がないか確めたり、母親の関心は、まるで娘の上にしかないようである。娘のほうも、特にうるさそうにするでもなく、母親にされるままになっている。そして、待合室で順番を待っている間、二人はじっと肩を寄せあい、手をにぎりあっている。娘の診察中、母親は不安に耐えかねたように両手を固く握りしめ、頭を垂れて何ものかに祈るふうでもある。診察が終わると、母親は必ず治療者に面会を求めて、

「あの子がいなくなったら、生きる張り合いがありません。あの子が治るためなら、どんなことでもします」

と涙ながらに訴える。（馬場謙一 1988 39頁）

ここに描かれているのは、たんなる仲良し母娘ではない。母親から娘に対する溺愛と献身、そして依存感情であり、反対に娘のほうから感じられるのは無感情といってよいほどの行動面での

依存である。その異常性に気づいているからこそ、母娘は著者の治療をうける決意をしたのだろうが、一度陥った精神面での一体感＝癒着からは容易に脱却できるものでなさそうである。

馬場はさまざまな形態をとる癒着のありようから、ほかに子供である自分を支えてくれなかった母性への幻想的な癒着や、親（特に父親）に反抗しながらの母子癒着などを典型的なありかたとしてあげているが、その姿はほんの一部にすぎないとみているようである。

そしてそれらの多様性は、思いもかけない現れ方もする。ある女子中学生の場合であるが、ある頃から母親に対する暴力的な行動が顕著になりはじめた。気に入らないあらゆることを母親のせいにし、ものを壊したりあばれまわったりするようになった。母親を極度に汚らわしい存在とみなすようにもなった。だがその状態が一段落した段階になると、今度はほとんど毎晩、母親の布団のなかにもぐりこんできていっしょに寝るようになったというのである。母親への暴力と愛着とは紙一重ほどの違いでしかないということが、こんな事例から推測できるだろう。そしてこれに類した行動はけっしてめずらしいことではないという。母親論・父親論を主たるテーマとするライターである木村栄が、家庭内暴力や登校拒否の子どもをもつ親の会に出席したときに、高校生の息子が毎晩のように母親と寝たいということを言っているという話題がでて、たちまち大勢の参加者から同様の経験談がでてきたという。（木村栄１９８８）

村瀬の〈わたし‐あなた〉が、ブーバーのいう〈我‐汝〉と深いつながりをもっていることは間違いない。しかしひとたびブーバーの〈我‐汝〉の関係から道徳的宗教的な色彩をとりはらい、なまな人間同士の関係のなかにおいたとたん、それはとてつもないほどに複雑で奇怪な様相をもって現れてしまうことのあることが、ここまでの議論によって理解されるであろう。

Ⅳ…「父母《ぶも》未生以前本来の面目」たる「私」

一六三七年、フランスの哲学者ルネ・デカルトは自身の自然科学書の序説として、「方法序説」と題する論文を公にした。「我思う、故に我あり」というフレーズでよく知られた序説である。もちろんそれまでに「私」をテーマにした哲学的思想がなかったわけではない。しかしそれまでのさまざまな潮流がどちらかといえば「人間とは何か」という思考にかたむいてきたのに対し、「私とは何か」という問題に対して正面から右のように言い切ったという点で、今日でもその主張の画期性は失われていないと思われる。そして本論文のなかで考察を進めてきた『私』とは何か」という問いを、西洋哲学の伝統のなかであらためて探しだそうとするならば、真っ先に思い出さなければならないのは——しばしば文語体の表現でよく知られている——この言葉であろう。

それでは「我思う」ことからどのようにして「我あり」につながってゆくのか。その思考過程をデカルトは次のような文脈で語った。

わたしは、それまで自分の精神のなかに入っていたすべては、夢の幻想と同じように真でないと仮定しようと考えた。しかしそのすぐ後で、次のことに気がついた。すなわち、すべてを偽と考えようとする間も、そう考えているこの私は必然的に何ものかでなければならない、と。そして「わたしは考える。ゆえにわたしは存在する」というこの真理は、懐疑論者たちのどんな途方もない想定といえども揺るがしえないほど堅固で確実なのを認め、この真理を、求めていた哲学の第一原理として受け入れられる、と判断した。（デカルト1637　46頁）

ではそのように確信された「私」とは、どのような存在であったのか。右の引用に続く文章では、本論文がテーマとしている『私』とは何か」という問題につながっていく、もう一つのきわめて重要な確信が述べられている。

それから、わたしとは何かを注意ぶかく検討し、次のことを認めた。どんな身体も無く、どんな世界も、自分がいるどんな場所も無いとは仮想できるが、だからといって、自分は存在しないとは仮想できない。（中略）私は一つの実体であり、その本質ないし本性は考えるということだけにあって、存在するためにどんな場所も要せず、いかなる物質的なものにも依存しない。（デカルト1637　47頁）

デカルトは「私」の実体としての本質ないし本性を「魂」と呼び換え、[7]物質的なものを「身体」と呼び換えた。このようにきっぱりとした心身二元論が、今日そのままで容認されるとは考えられないが、デカルトのこの時点での精神と身体を峻別する思想は、厳密な哲学の場で語られれば大きな衝撃力をもったであろう。つまりいかなる物質としての身体も、その身体を存在させるために必然的になければならない物理的な空間を持たなくても「私」は存在しうる、と彼は考えたのであった。

ここでようやく、なぜデカルトの「我思う、故に我あり」を論じてみようとすることになったのか、その動機について語る機会にたどりついた。それは二つある。一つは、これまでに論じてきた「私」は意識であろうが認識であろうが――本論文で触れることはなかったが――実存であろうが、すべて私の身体、具体的な私という実在とともに存在する「私」であった。そして第二には、ここまで考えてきたのは常に私以外の誰かとの関係ではじめて存在しうる「私」であった。しかしデカルトはその両方が否定されたところでもなお「私」は存在しうるのだと言うのである。人はよく「人間らしくあれ」と他の人に説くとき、その人間らしさは自分以外の他人との関係のもとでの現れ方をさしている。ところがデカルトはそれらのすべてを前提としなくても「私」は存在しうると主張するのである。それが我々の実際の生き方における担い手としての私とどうかかわってくるのかは、是非とも必要な検討課題になるであろう。

ところで一切の実体を持たない「私」の実在については、もっと早くから東洋哲学のなかでも語られてきた。ある文学作品に登場するその言葉をまず紹介しよう。

夏目漱石の作品「門」の末近くに、つぎのようなくだりがある。

「まあ何から入っても同じであるが」と老師は宗助に向っていった。「父母未生以前本来の面目は何だか、それを一つ考えて見たら善かろう」（夏目1920 204頁）

親友の妻を奪いとるかたちで結婚した野中宗助が、その後、罪悪感とともに生きてきた。そしてあるできごとをきっかけに自己の救いを求め、鎌倉の禅寺に参禅することになった。右の引用は、老師からこれから解くべき一つの公案を与えられた場面である。

この公案は禅の世界では非常に人気のあるものの一つで、多くの人がこの問いについて書いている。古いところではたとえば道元の『正法眼蔵』第二五「渓声山色」でも、前述の文言そのものではないのだが、やはり言及されていた。ただそうした文章のどれをとっても、そこに人間の本性があるというにとどまり、一文の意味するところをまともに考察しようとした――不立文字を立場にする禅宗だから当然ともいえるのだが――形跡はない。『正法眼蔵』においてさえも、この問いをめぐる一つのよく知られたエピソードが紹介されているにすぎないのである。

もちろん本論文は禅問答ではないから、文字として書かれてある以上の深奥なる宗教上の真理など考慮する必要はない。そのうえで単純に二つの論点から考えてみたい。一つは、デカルトにおいては私の身体以外にも、明確に私が「私」である根拠をもっている点である。それは私の理性であり、私の理性によって支えられている論理である。言い換えれば考えている限りにおいて私は「私」であるのであって、考えなくなった私はもはや「私」ではない。それに対して公案においては、私が「私」であるための素朴ではあるがなくてはならぬ、「親から生まれてくる」という根拠を絶対の前提としない。想像をこらすならば、初めもなく終わりもなく、果てしもない虚空に、何らの身体も理性も持たぬ、いまここにいる私以前の「私」だけがただ漂っている。そんな風景を思い浮かべるしかないだろう。

二つ目は、デカルトの議論には生死あるいは生命という契機が存在しない点である。いまここに実在する私の理性が、身体も世界も場所もない「私」の存在を保証してくれているとはいえても、その私がどのように生まれてきてどのように死んでいくのか、私の生死にあたって私の命とは何であるのか、という問題は一切考慮されていない。ところが後者の「私」は否定の論理において語られるしかない。誰にしたところで両親から生まれてくるという事実を認めざるをえないにもかかわらず、あえてその事実を否定してしまうところから問いを始めようとしているからである。つまり私が存在するために最低限必要な、「生まれる」という契機を肯定形で語らないにもかかわらず「私」は確かに存在するのだ、という確信からこの問いは発せられている、と言わなければならない。すなわち一人の存在者として何者とも対立せず、また何者ともつながっていない、純粋なあるいは絶対的な自分というものを、たとえば霊魂というような形で想定するならばともかく、そうでないとするならばそれはどのような論理構成の上になりたっていると考えたらよいのか、という問いと理解すべきだろう。

さらにこの問いを、次のように敷衍することも可能ではないだろうか。もとの問いは、父母が生まれる「以前」はどうだったのか、という時制から成り立っていた。ではそれを反転させてみることはできないだろうか。つまり私がいなくなった「以後」に、「私」はどうなってしまうのだろうか。やはり「以前」と同じように「以後」も「私」は存在し続けるのだろうか。つまり思考としての「私」もまた生死の問題と不可分の概念だということになる。(8)

それゆえここでもう一度さきほどの、なぜここでこの問題を、という問いに戻ることになる。

なぜなら多くの場合、人が人に対して人間らしくあるための心がけを説こうとするとき、私とは時間のなかで孤立した存在ではないことを強調する傾向があるからである。つまり私には親がおり、その親にもまた親がおり、……というように無限の時間を遡り、あるいは無限の時間を下ってきたその結果として、いまここに私があるということを説こうとするだろう。だがひとたび「父母未生以前」と言ってしまったら、その時間そのものが消滅してしまう。「私」の「人間らしさ」を時間観念の否定とともに説くことは単なることばの遊びにすぎないのか、人間の心情や行為のなかに潜んでいる切実な意識の反映なのかは、やはり考えておかなければならない問題であろう。

話をもとに戻そう。じつのところごく近年まで、我々にとってこれらの問題への対処はさほど難しくも複雑でもなかった。死はただ恐怖をともなう、生命の終焉にすぎなかった。そして「私」がその後どうなっていくのかは、仏教や神道の説くところにまかせておけばよかった。葬儀は盛大に行うべき儀式であったし、墳墓はもうけるのが当然、そして墓や仏壇を通した死者の供養も残されたものにとって事実上の義務であった。民俗学が最も得意としてきたテーマである。だが最近、以下に述べるように死をめぐる人々の状況や意識は急速に変わりつつあるようである。

世界にはさまざまな葬法が知られている。ほとんどの場合は死者を葬る――遺体の処理――とともに墓、つまり何らかの記念物を作るという方法にしたがっている。遺体の処理は物理的に必須だが、記念物の設置についてはかならずしもそうでない。その社会で古くから伝えられてきた例をあげてみても、鳥葬のように鳥に食べさせてしまって遺骸を残さないようにする方法や、荼毘にふした遺骸や何の手立ても施さない死体そのものを川に流してしまって放置する方法などが、実際に存在する。最近の例でいえば、飛行機から遺灰を空中に散布する空中葬が実際に行われたし、実現の段階には至っていないが、遺灰をロケットに積み込んで宇宙に打ち上げるという、宇宙葬などというものも構想されているようである。しかしこうした例は世界全体からみればおそらくごく少数で、大部分は墓と称する記念物を設置してきた。

だが近年、これもまだ少数ではあるが、後述するように、埋葬をせず墓を作らない葬法が徐々に普及しつつある。埋葬という処理は、日本の法律上では墓地でなければならないとされているので、当然ながら具体的な方法はきわめて限られる。

その前に確認しておかなければならないのは、どんな方法にせよ墓を作らないという死後処理はあくまで死にゆく本人の意思によるものであって、あらかじめそのようにしたいという意思表示がない場合は、当然のごとくとして墓に葬られることになるだろう。もちろん現状としてはどこかの墓に葬られたいと願う人のほうが圧倒的に多数で、ほとんどの人は近親の墓地に――それ以外の選択肢もないわけではないが――葬られることを願うか、適当なときに自分自身の墓地を確保しておくことになる。

それではなぜ多くの人は墓地に葬られたいと願うのか、反対に少数の人びとはなぜあえて墓地に葬られることを拒否するのか。

前者の人びとにたずねれば、それが文化的習慣だからと――意識的あるいは無意識的いずれにせよ――いう答えが多くの場合は返ってくるだろう。こちらの問いについてはあまり深入りしない。あえて推測するならば、第Ⅱ節で述べた、どこかに属していたいという意識がそう言わせているのだろうか。

それにたいして後者はもうすこし複雑な事情がからみついてくる。これには二つの答え方がある。一つの——即物的きわまりない——答の究極にあるのは、家族や子どもたちに面倒をかけたくないから、という理由である。墓は多くの場合、何らかの宗教機構の管理下にあるため、定期的または不定期的に宗教上の儀礼が必要とされる。また墓地管理の手間も管理費も必要とされる。少子化が進み、子供たちの移動も激しくなる一方で、家を継ぐという意識の希薄化が進んでゆけば、墓を維持していくことは困難を極めざるをえない。そんな時代状況のなかで、いずれ死んでいく人びとは自らの死後の処理についても深刻になるほかないだろう。その一つの答が、墓そのものを作らないという選択になってゆくのは当然である。

墓を作らないといっても、いくつかの選択肢はある。寺院やそのための業者に一定の期間をかぎって遺骨の管理をゆだねてしまう永代供養墓、必ずしも血縁関係にはないが気持ちを同じくするもの同士が集まって納骨施設を作り、残った会員に供養をゆだねる合葬墓、仏教の各宗派本山に納骨してしまう本山納骨、遺灰を何らかのオブジェにしたり遺灰そのままで遺族が手元においたままにしていおく手元供養、好みの樹木の根元に埋葬または遺灰をまく樹木葬などいくつかの方法が試みられるようになってきた。そうしたなかで、今日知名度を増してきたのが二つ目の答え、散骨である。

散骨はごく新しい葬法で、遺体にしかるべき敬意をはらったうえで、かつ土中に埋納するのでなければ禁止はされていないという、現在のところはいわば法律の抜け穴を利用した方法である。

なかでももっとも盛んになりつつあるのは、粉状にした遺灰を海に撒くという海洋葬であろう。同様に山中や森林に遺灰を撒くという方法もないではないが、周辺住民への配慮から実際にはむずかしくなる。先述した樹木葬の多くは、その場所を墓地として登録したうえでの埋葬・散骨であるから、厳密には散骨としての山野葬には含まれないことになる。

さて散骨を語る上での第一のキーワードは「自然」である。一九九一年一〇月、日本ではじめて海に遺灰を撒くという葬儀を執り行ない、それ以後もこの葬法の普及につとめてきた「葬送の自由をすすめる会」は、そのインターネットサイトの冒頭で次のように書いている。


私たちの会では、亡くなった方のなきがらを自然に還す「自然葬」を提唱してきましたが、少し前までの日本の葬送は、この自然葬が基本でした。土葬すれば、遺体はそのまま土に還りました。火葬の場合にも、今とは違い、残った灰を撒いてしまうことで、やはり土に還っていきました。

それに比較したとき、現代に行われている近代化された火葬では、骨壷に入った遺骨が残り、それを収めるために墓を必要とします。遺骨は、骨壷に入れられたまま、自然に還っていくことができません。そして、墓は、それを守っていく家族にとって大いなる負担になったりします。


その点で、現在一般化した人の葬り方は、「不自然葬」であるとも言えます。ひどく不便で、

本当の意味で故人を弔うものになっていない面があります。（葬送の自由online）

ここで注目しなければならないことが一つある。この会の理念としてあげられるのは、なぜか会の名前に刻まれている葬送の「自由」そのものではなく、「自然に帰る」ということだという点である。つまりどのような葬法も自由であるべきだとか、合法的な葬法の範囲をもっと広げよという主張なのではなく、遺体を最終的に収める場は「自然」の中であるべきだという理念が骨子となっているのである。この点においては樹木葬のそれと一致する。

この「自然に帰る」という表現がもつイメージについて、もっとも楽天的なそれをあげるならば、多分つぎのようなものではないだろうか。

「お墓もいらないと思うんだけど……」
海を眺めながら、そう言ったのは私だった。
「もしかして、あなたが先へ逝ったら、お骨をきれいな壷にいれて、居間へ飾って、私が死ぬまでいっしょに暮らすわ――私も骨になったら、あなたの骨といっしょにして、海へ投げこんでもらいましょうよ。ホラ、いつもきれいな夕陽が見える、あの海の向うへ……粉にした骨だけなら、お魚の邪魔にもならないでしょう―― ねえ、そうしちゃいけないかしら……」（沢村2000　5頁）

葬送儀礼のなかに自然物がとりこまれるのは、もちろん今日にはじまったことではない。葬場の祭壇に菊や百合などの花が飾られるのはごく一般的な風景であるし、墓参のときなどに花を持参するのもごく常識的な作法である。だがそれ以上に自分やほかの誰かの死をもっと強く自然と結びつけようとする感情は、それらの習俗と一線を画しているように思われる。そこから「自然に帰る」という思考は三つぐらいに分かれていくだろう。一つ目は生命の不滅と自然の美しさ、二つ目は生命の循環、そしてもう一つは「無」である。

さきの文章で沢村がイメージした自然は、あくまで生命に満ちあふれている美しいものであった。海のなかではさまざまな、ときには色とりどりな魚たちが活発に泳ぎまわっている。魚たちのほかに、カニやエビもいるだろうし、潮の流れに押されたとりどりの海藻がまるで声をかけてでもきそうに揺らめいているだろう。それらの生命活動を、骨の粉末になった自分たちが、邪魔にならないところでひっそりと楽しんでいる。つまり想像の上とはいえ、ある意識をもった自分たちが死後にも存在していて、まわりの世界となんらかの関わりを持ち続けている。言い換えれば、いまここで自分とともにある私の生命が、死後にも変わらず続いているだろうということに対する信頼がここにはある。夫の骨とともに海に投げ込んでもらいたいという言葉が、そのことを何よりも雄弁に語っている。それは次に述べる生命の循環としての永遠性とは別の永遠性である。

＊

そこでつぎの生命の循環について考えてみよう。多くの人は「自然に帰る」ことを「土に帰る」

ということばでも表現してきた。ではここでいう「土」とか「自然」とは何を意味しているのだろうか。「葬送の自由をすすめる会」の宣言文にもあったように、たしかに土中に埋納された物質としての人体はいずれ土に溶け込んでいく。人体は種々の有機物や少量のミネラルに分解され、土になる。土のなかのそれらは再び他の生命体を形作る材料として再利用される。すなわち〝生命〟は地球上で永遠に循環するという思想は、科学的にまちがってはいない。だがいうまでもなく、私が土に「帰る」という感情は、大きく地球を構成する物質群として循環するということを意味しているわけではないだろう。このような思考が洋の東西を問わず歴史的にどこまでさかのぼれるかは疑問である。仏教などの輪廻思想を別にすれば、地球上のあらゆる生命が生命以外の物質をふくめて循環している、という論理は近代の生態学が生み出したものと考えられるからである。それでも私の生命が自分の死をもって途切れてしまうことなく、永遠に生き続けているという思想は、たいそう夢想的でかつ魅惑的に映ることであろう。自然葬がこのような思いによって人々を引きつけているのは、十分に理解できることである。

しかし生態学の知識を根拠に生命の循環を説明するのは、たしかにストーリーとしてはなりたつだろうが、そこから生命の永遠性に思いをはせるのはいかにも理屈に勝ちすぎている。生命の永遠性を語るためには、もう少し直観あるいは感性のなかで、死と自然がどのように結びつくのかを見ていかなければなるまい。

宗教学者の山折哲雄のエッセイにこんな一文がある。

私は佐渡における夕陽体験で、父親の魂が昇天していくような実感を得ましたが、それでは自分自身の魂というものを信じているのか、それがどこに行くと考えているのかと言うとはっきりしません。

ただ肉体だけでなく、魂もおそらく自然に還るというイメージはあります。（中略）その死の想念の根源は何かというと、自然に還ることを求めているのだと思います。魂というものがあるのであれば、それは自然の山野に鎮まるのではないかと。そういう伝統的な価値観が、私の中にも脈々とあるような気がするのです。（山折２０１１　91～92頁）

このくだりで山折がイメージしているのは山野であり、ときには海である。興味深いことに、浄土真宗の僧籍をもつ山折にとってさえ、たとえば『浄土三部経』に描かれている、鳥たちがにぎやかにさえずり、美しい花々が咲き乱れ、金銀や玉で装飾された宮殿が建ちならんでいるような西方浄土の姿はまるで浮かんできていない。むしろ山折が実感したという西方浄土とはつぎのようであった。

晴れた日で、日本海の彼方に沈む夕陽がそれは美しかった。すうっと夕陽が沈んでいくとき、一筋の光の橋ができた。それを見ていると、「ああ親父の魂はいまその光の橋を渡って海の彼方の西方浄土へと遊離していったんだなあ」という実感が湧いてきたのです。（山折２０１１　85頁）

父親が亡くなって四十九日の法要も終わったあと、自分でもなぜだかわからないままに、山折は佐渡に向かった。日本海に沈んでいく夕陽を見てみたいという気持ちになったのだという。昼間を島内観光で過ごしたあと、西海岸の夕陽のよく見える崖の上にたった。そして目にした光景が上のように描かれたのである。このくだりで山折は夕陽について書いてはいるが、自然という言葉はつかっていない。ところが同じ本でも、日本人の浄土イメージは海と山だったとか、心地よい風に吹かれ、美しい花を目にし、小鳥のさえずりを耳に聞きながら散歩をしているうち、「ふっと、このままずっと歩きつづけてあの山の懐に抱かれるように消えてしまうのも悪くないかもしれない、そういう気がすることがある」（山折２０１１　92頁）などと、しきりに自然についても語っているのである。

けれども山折に感動を与えたこの佐渡の光景は、はたして自然と呼ぶにふさわしいものなのだろうか。我々が自然というとき、それは草や木や生き物などさまざまな生命にみちあふれている。美しいものもあればそうとはいいかねるものもあるだろう。命とは異なる大地も山も海も自然の一部を構成している。ところがそのとき山折がみたものは、たんなる光景にすぎないのであって、自然とよびうる具体的な何物もそこにはなかった。たしかにそこには海が広がり、雲があり、遠くには島が見えてもいただろう。しかし山折が実際に語っているのは光だけなのである。それを浄土になぞらえてはいるものの、意識の上でそのように認知したのかどうかさえ疑わしい。実際山折は同じページのなかで、「魂」とか「浄土」とかそんなものは信じたことがなかったとさえ言い切っている（山折２０１１　85頁）のである。

結局山折がここで目にしたのは、言葉にできないほどに美しい「空虚」だったというのがもっともふさわしいのではなかろうか。すなわち永遠なのは生命ではなく、その空虚そのものだというべきなのである。それを山折はある美しさのイメージとしてとらえたわけだが、「これは理屈ではないと思いました」（山折２０１１　86頁）と語るのみであった。

筆者はさきほど、人の命の行く末として「自然に帰る」と「土に帰る」という二つの表現をあげてみたが、このように考えてきてみると、両者は必ずしも同じといえないかもしれない。なぜなら「自然」は、そこからさまざまに具体的なイメージをふくらませていくことができようが、「土」にはそれがない。「土」に帰ってしまった「私」は、文字どおりの底知れぬ暗黒のなかにいつづけることしかできない。山折に感動を与えた美しさこそないものの、これもまた「空虚」にはちがいない。ただ山折の場合には、父親の死を悼む感情が、あわせてそこに美しさを現前させたというべきだろうか。だからこの書物の終わりで、山折は自分がこれから迎えるであろう「死」について、もう一つ別の言葉を用いて表現している。それは「無」であった。

最後は無です。すべて無に帰する。宮沢賢治の言葉を借りれば「宇宙の無塵となって散らばる」ということになります。「無一物中無尽蔵」というではありませんか。無というカオスのなかに無限の宝があふれている。そのように想像すると、死後の運命が楽しみになってくる。（山折２０１１　１８３頁）

「無に帰る」という言葉は、「自然に帰る」「土に帰る」とならんで、散骨を選ぶ人びとにしばしば好まれる表現である。筆者はここまで、ときにはよそよそしいかもしれないが信頼できる他者たちに囲まれて社会というものを作ったり、先祖として子孫としてあるいは家族として縁をもつ人びとつながっている、「私」というもののありかたについて述べてきた。だがそれと同時に我々は、「無」としか言いようのない、およそ何者であるとも言えない「私」への強い渇仰もあわせもっているものらしい。

そうはいっても今日、散骨や自然葬を望む人びとに、「父母未生以前本来の面目」という問いにたいするどれほどの理解や覚悟があるか[9]という点になると、確かなことは誰にも言えない。ただ現代の人びとが、自分たちが作り上げていた社会や、自分を包み込んでくれた近しい人びととのつながりを、無条件に信じられなくなってしまっているということは言えるのかもしれない。だから散骨という一見新しい風俗をそうしたあきらめがもたらしたとする可能性は十分にありうる。しかしだからといってそうした事態を否定的にとらえる必要は、必ずしもないはずである。なぜなら「無として存在する私」という思想は、けっして今日この頃になってにわかに流行り始めた考え方とはいえないからである。

古来、哲学者や思想家たちは「人間」についてさまざまな角度から考えてきた。はじめは人間一般という存在やあるべき生き方などが思索の対象とされていたが、次第に「私」だとか「他者」だとかという主題に関心を移していって、人間論は次第に精緻化されてきた。だがそれによってどんなことが明らかになったのだろう。思索を深めることによって、私という存在自体が二重三重の階層の上にあることに気づき、奥深い所での立脚点が解明されてきたとも言えるし、思索の深化によってカオス化する一方だったともいえる。(10) もちろん「私」について考えてきたのは、哲学者とか思想家と呼ばれるような専門分野ばかりの研究者に限られず、他の人文科学においても同様で、そこにも様々な「私」に関する語り口があった。

いっぽう、民俗学をはじめ文化人類学や社会学など、フィールドワークに基づく諸学問の発展はもっと素朴に、人間の生き方や意識がいかに多様で、むしろその場その場で必要とする人間像をそれぞれに選び取っていかざるをえない、という実態を明らかにしてきた。とくに本稿では、民俗学そのほか、実際の人間のありようのほうに目を向けながら、二つの捉え方の関わりを考えてみた。

それではさきの「私」についての多様な語りかたと、実際に行動として現れた人びとの「私」とはどのようにつながるのか。それとも両者はまったく無関係に、別の世界でうごめいているにすぎないのか。しかし「私」についてのさまざまな語りかたになにがしかの真実が含まれているならば、なんらかのかたちでそれは具体的に、人間のさまざまな行動や意識や表現活動などに反映しているにちがいないと想定することは許されてよいだろう。

後者のほうからみていくかぎり、人間はその場その時の状況にしたがって生きていく存在である。ただ「その場その時」といっても、それは長ければ数百年、短くても数十年という歴史的スケールにおいて変化するものである。哲学における人間論の細分化や諸潮流の出現とは、実際の人間のあり方が変化するという歴史的現実にしたがって生起した必然にほかならない。そしてそれ以前に、私が「その場その時」でどんな行動をとるか、どんな選択をするかは、けっして偶然などでない。私のなかに無意識に存在しているさまざまな「私」のどれかが、ある確信とともに表出していく場面なのである。

「私」というものの本質に向かって真っ直ぐに追究していく哲学的思索と、現実の私のあり方を幅広く追い求めていく作業は、これからさきもそれぞれ精力的に行われていくであろうし、そうでなければならない。しかもなにより必要なのは、それらの思索や作業を別個に進めていくのではなく、協同してなされなければならないことである。そうでなければ、一方では単なる言葉や概念の遊戯に陥ってしまいかねないであろうし、他方ではさまざまに興味深い事例の収集で終わってしまうであろうからである。本論文をそのささやかな第一歩であらしめたいと、筆者はひそかに位置づけている。

最後になったが「序」で述べたもう一つの意図、つまり民俗学の可能性についても簡単に触れておきたい。「落日の中の民俗学」という批判は、かつて民俗学がもっていた素朴ではあるが力強い志を失いつつあることへの強いいらだちがもとにあると考えてよいのだろう。たしかに地道に古い民俗を探しまわるとか、一見新しそうな習俗に古文化の痕跡を読み込むといった旧態依然の研究はあとを絶たない。いっぽうで、海外で開発された方法に安易に飛びついては次々に使い捨てていくという風潮が目に余るようにもなってきた。だが最も大きな問題はこの批判がどこまで当を得ているかではなく、民俗学者自身がそれ以来「落日」という言葉にさえ反応しなくなったところにあると、私は考えている。このような自虐性は民俗学の退廃と言ってしかるべきであろう。

しかし私自身は、民俗学の置かれた事態をそう深刻には受け止めていない。民俗学が見落としている人間のあり方は豊富に存在している。それはいま上で述べたような道筋が残されているからというのとは違う。民俗学という学問が人文学の原点に立ち戻り、人間自身に対するあくなき好奇心を奮い起こし育てていくという姿勢を必須のものとして堅持する限り、なすべきことはいくらでもあるではないかと考えるからである。かつて『遠野物語』を著した柳田国男の根底にあったのは、まさしくそれだったのではないか。私はかつて、民俗学の基幹概念は決して「伝承」などではないという意味のことを述べたことがある（真野２００９　１０４頁）。そしてそれに対して「民俗学とは社会における共有の諸相を研究する学問」なのだとも言った（真野２００９　２８２頁）。もうすこし踏み込んだ語り方をするならば、民俗学の究極の目的は文化の作り方と共有の仕方の研究にあるのだ。私が「私とは何か」という問いを借りて本稿に求めたものもまさにそれであったということを、再びここで強調して筆をおくことにしたい。

注

（1）山折哲雄によって「落日の中の民俗学」と手厳しく批評されたのは1995年のことであった（山折1995）。

（2）映画「寅さん」シリーズ第1作「男はつらいよ」より。

（3）ブーバーの議論およびそこから出てくる問題を少し先取りする形になるが、この一読では理解しづらい文章の意味について、オーソドックスな哲学者の議論を借りながらひとまずは解説しておきたい。上田閑照（2000　108〜112頁）は、これまでの「我」を拠り所にしてきた主観主義的な「我」論の思想潮流に対して、本文に引用した二つの根元語によって「我」を語ろうとする革新的な立場を打ち出したという。それは上田の引用する「汝に触れて我となり、我となりつつ汝という」というブーバーの表現によく現れている。また上田はこうも言う。「『我と汝』は相互的、双方向的な真正面からの出会いであり、直接の触れ合いである。（中略）『我と汝』は、双方にとって裸の全存在に関わる出来事である」。筆者がわずかながら理解しえたところによれば、『我と汝』の功績は二点ある。一つは我の存在を単独の我のみで考えるのでなく、「我-汝」という二者の間でのできごととしてとらえたこと、二点目は「我-汝」という二者間の関係をさらに「我-それ」というもう一つの二者間関係との対比でとらえたことにある。こうすることによって、「我-汝」関係は第Ⅰ節で述べた「私と他者（たち）」という関係とは区別されることになり、この第Ⅲ節での論点がより明快になる。上田はもう一つ、ここから興味深いところに議論を推し進めている。「我と汝」という表現はこの関係を見る見方のうえで、すでに「我」のほうが優位性をもってしまっているというのである。試みに、「我と汝」を「汝と我」と言い換えてみれば、容易に理解できるにちがいない。我と汝を同時に筆記したり発話したりすることができない以上、物理的にはやむを得ないとはいえ、論理のうえで我と汝との関係は必ずしも均衡がとれていないことになる。その限りで「我と汝」は容易に「我とそれ」に転化しかねない。そのような事態を防ぐために、③における「我-汝」に現れる宗教的・神的色彩をさらに超えた「永遠の汝」が必要とされることになると、上田は言う。

（4）以下の論述を①②に限る理由をひとまずは「紙幅の関係上」としておいたが、実をいうとそれはかならずしも正直ではない。ブーバーの真意はむしろ②と③を語るところにあるのだろうと、筆者は考えている。しかしここで③にまで言及してしまうと、どうしてもユダヤ教やキリスト教における宗教性とか神観念の問題に触れなくてはならなくなる。いっぽう本論文はあくまで人と人との間で作られる関係や、それと日本文化の実情とのかかわりを考察するところにあるのだから、そうした事態は避けたかったのである。

（5）村瀬はいうまでもなく〈わたし‐あなた〉だけでなく、〈われ‐なんじ〉についても周到な議論を行っている。またこの本をとおして森崎和江の文章にであうなど、多くをこの本から学んだことを強調しておきたい。

（6）この意味で見る限り、Ⅰで参照したR・D・レインの引用文には再考の余地があるといわなければならない。ここで例示された母親‐子供や恋人同士の関係は、はたして正確に他者と呼ぶにふさわしかったのか、という疑問がおこってしまうからである。といっても訳語の問題もあろうし、またレインの真意が、私は私一人だけではけっして私にはなれないということを述べるというところにあることを考慮するならば、これ以上追求すべき問題でもないだろう。

（7）参照したテキストでは「魂」と訳されているが、本テキストの翻訳者谷川多佳子の注記によれば、『考えるための原理』のみを有する『精神』の同義語」としている（谷川１９９７　１１７頁）。松浪信三郎もまた西洋哲学においてしばしば用いられる「霊魂」とは一般に「生きている一人の人間のすべての心意活動をつかさどる主体」という程度の意味で用いられるべきで、何ら神秘的な意味を持たないと言っている（松浪１９８８　51～52頁）。したがってこの言葉には、われわれが通常理解するような宗教的意味合いは一切含まれていないことに注意しておきたい。

（8）英語学者にして禅の布教師でもある堀心鑑は、「父母未生以前本来面目」を英語に翻訳するとしたなら、英語の基本構造として避けることのできない時制の問題をどう処理するか、そのことと禅の公案が問おうとしている核心とがどうかかわってくるか、という二つの問題について考察した。その上でこの公案の付則としてある「死後における本来の面目」を未来時制として翻訳することがふさわしいのか、という形でも問題を立ててみた。たしかに時制の問題を持ち込むならば、過去を問うているかに見える「父母未生以前本来面目」という表現と、散骨をめぐる死後の行方への関心は、同じ基盤にのりえないことになる。しかし、と堀は続ける。霊魂の存在を認めないという仏教の基本姿勢に立つならば、これらの公案は死の瞬間の心構えだけを問題にしているわけではなく、また過去・現在・未来からなる時制をないものとしてしまうのでもなく、時制を超えた今ここにいる自己のありようこそが問題の核心であると理解すべきだというのである（堀２０１２）。

（9）ここではたとえば注（8）で指摘されたような問題をさしておくこともできる。

（10）松浪信三郎はデカルトの「我思う、故に我あり」をとらえて、「デカルトはそれ以上に掘り下げようとしなかった」と批判する。「私は存在する」という原理を打ち立てるためには、そこにとどまらなければならなかったからである、とその理由を述べた。そのかわりに松浪が主張する命題は「私は思考する。ゆえに、私は存在しない」であった（松浪１９８８）。この論理を簡略に述べるのは難しいが、筆者なりの理解を試みてみよう。「私とは何者であるか」と私が私自身に対して問い、「私とは考える者である」という答えが導きだされたとする。するとここには二人の私がいることになる。一人は自問自答の導き手としての私、もう一人はこの答えのなかに存在する私である。そして松浪はこの二人の私を別物であると考えた。前者の「考える者としての私」の存在について語ったもう一人の私、すなわち私の存在について思考したほうの私は存在の背後に引き下がってしまい、いささかも私の存在にあずかることはない。松浪はこの論理を総括して、かかる私をとらえようとすれば、「ある私」から「あらぬ私」へと超出しなければならないと表現した（松浪１９８８　１８６〜１８８頁）。上田閑照が「有る私」と「無い私」との織りなす関係を一種の寓話風に語った文章（上田２０００　25〜30頁）も同様の論理をさしていると考えられるし、藤田正勝は『私』は常に二重化する」（藤田２０１３　45頁）と語った。哲学における「私」論はここから先、まだまだ深められなければならないであろう。だが私が私について考えるという追究作業は、「私について考えている私、について考

えている私、について考えている私、……」と、一つまちがえればあたかも合わせ鏡を覗いているように無限に続かざるをえないのかもしれない。カオスと評した所以である。

引用・参考文献

エリクソン1959…　Erik H. Erikson『自我同一性――アイデンティティとライフ・サイクル』　1959年

上田2000…　上田閑照『私とは何か』岩波新書　2000年

木村1988…　木村栄「開かれた親子関係をめざして」『母子癒着』（木村栄・馬場謙一共著）有斐閣　1988年

沢村1995…　沢村貞子『老いの道づれ』岩波書店　1995年（引用は岩波現代文庫版2000より）

真野2009…　真野俊和『日本民俗学原論』吉川弘文館　2009年

谷川1997…　谷川多佳子訳『方法序説』岩波文庫　1997年

デカルト1637…　Rene Descartes『方法序説』　1637年（引用は岩波文庫版（谷川多佳子訳、1997年）より）

夏目1920…　夏目漱石「門」朝日新聞　1920年（引用は岩波文庫版より）

馬場1988…　馬場謙一「子どもの心の病と家族関係の歪み」『母子癒着』（木村栄・馬場謙一共著）有斐閣　1988年

ブーバー1923…　Martin Buber『我と汝』　1923年（引用は岩波文庫版（植田重雄訳、1979年）より）

福田2004…　福田アジオ『寺・墓・先祖の民俗学』大河書房　2004年

藤田2013…　藤田正勝『哲学のヒント』岩波新書　2013年

堀2012…　堀心鑑「禅公案の英訳は公案の工夫を深めるか『本来の面目』の場合」『禅』36　人間禅本部道場　2012年

松浪1988…松浪信三郎『哲学以前の哲学』岩波新書　1988年
村瀬2010…村瀬学『「あなた」の哲学』講談社現代新書　2010年
森崎1998…森崎和江『いのち、響きあう』藤原書店　1998年
柳田1946…柳田国男『先祖の話』筑摩書房　1946年（引用は筑摩叢書版（1975年）より）
山折1995…山折哲雄「落日の中の民俗学」『フォークロア』7　1995年
山折2011…山折哲雄『「始末」ということ』角川学芸出版　2011年
レイン1961…Ronald D. Laing『自己と他者』1961年（引用はみすず書房版（笠原嘉・志賀春彦訳、1975年）より）

引用 online（以下はインターネットサイトからの引用。最後の日付は最終アクセス日。）
かぶん online…（NHK科学文化部ブログ）https://www.nhk.or.jp/kabun-blog/800/96522.html　2014年2月10日
葬送の自由 online…（葬送の自由をすすめる会）http://www.shizensou.net/　2014年2月10日
トコー oline…（株式会社トコー）http://www.toko-navi.com/user_data/08meal.php　2014年2月10日

あとがき

最初に本書収録文章の初出をあげておく。

●社会学論文のエスノメソドロジー—学術論文をどう読みほどくか— 上越教育大学社会科教育学会編『上越社会研究』29 2014年（大幅増補あり）
●世界を「捉える」ための二つの回路—「ものごと」と「できごと」—（書き下ろし）
●社会理解のための「合理」と「背理」—網野善彦『無縁・公界・楽』を最初の手がかりに— 上越教育大学社会科教育学会編『上越社会研究』27 2012年（大幅増補あり）
●「ハレ・ケ」とは何か（書き下ろし）
●摩天楼の生態学—レム・コールハース『錯乱のニューヨーク』読解の試み— 上越教育大学社会科教育学会編『上越社会研究』26 2012年（ほぼ初出どおり）
●書評・浅川泰宏『巡礼の文化人類学的研究 四国遍路の接待文化』 日本宗教学会編『宗教研究』360 2009年（ほぼ初出どおり）
●「仏教と民俗」あるいは「真宗と民俗」という問い方 日本民俗学会編『日本民俗学』258 2009年（ほぼ初出どおり）

●「民間信仰」は実在したか　日本宗教学会編『宗教研究』325　2000年（ほぼ初出どおり）
●民俗宗教論における〝信仰〟の発見―シャマニズム研究が果したもう一つの役割（原題　民俗宗教論における〝信仰〟と〝個人〟の発見―シャマニズム研究が果したもう一つの役割）　佐々木宏幹編『民俗学の地平―櫻井徳太郎の世界―』2007年　岩田書院刊（ほぼ初出どおり）
●「私」とは何か―ある民俗学者による考察―　縁《えにし》フォーラム編『縁《えにし》―集いの広場』6、7　2014年（ほぼ初出どおり）

以上のうち第一、第二、第三、第五論文については、それぞれ文末に記したように、私も一員となっているプロジェクトB110という小さな研究グループにおける議論を通して得た着想がもとになっている。このグループは私が筑波大学に在籍していた最後のころに結成されたもので、民俗学にとらわれずにできるだけ多方面の論文や書物を読むことを活動目的としていた。ただ読み方の方法としては、論文・書物の研究対象について専門外の知識を増していくというより、本書と同じく、そこに現れた著者の思考法の読み解きに力を注いでいた。私たちの知る限り、そのような読み方の方法については耳にしたことがないので、それを簡潔になんと表現したらよいのかずいぶん悩んだものだ。しかしあるとき、「論文のエスノメソドロジー」がもっともしっくりくるのではないかという話をしたことがあった。本書所収の第一論文タイトルはその発想を借用したものである。そのほか私自身の耳学問になったところもきわめて多く、その面でもグループ諸氏に深い感謝の意を捧げたい。ついてはグループメンバーのお名前だけをあげておく（五〇音順、

敬称略）。天田顕徳、石本敏也、及川高、田中久美子、渡部圭一、各氏。

本書の刊行にとってはなんといっても担当編集者となっていただいた、板垣誠一郎氏にお世話になった。実質的に動き始めてからわずか三ヶ月たらずで発刊にこぎつけるには、さぞ忙しい思いをされたことであろう。社会評論社の松田健二社長には、わざわざ私の住む上越市まで足をお運びいただいた。そして松田社長との間を取り持っていただいたのは東京電機大学の石塚正英氏である。石塚氏は上越市の出身で、上越市では頸城野郷土資料室というNPO法人を主宰されている。同NPOが運営している市民講座「くびき野カレッジ」は、現在の私の地域および研究活動にとって小さからぬ意味を持ってもいる。以上の方々にも深く感謝したい。

今冬が少雪であることを願いつつ

二〇一五年　小雪

真野　俊和

〈著者紹介〉

真野俊和（しんの　としかず）

1944 年　東京都出身
1974 年　東京教育大学大学院文学研究科修士課程（民俗学専攻）修了
元上越教育大学・筑波大学教授　博士（文学）
〔主要著書〕
日本遊行宗教論（吉川弘文館　1991 年）
聖なる旅（東京堂出版 1991 年）
日本の祭りを読み解く（吉川弘文館　2001 年）
日本民俗学原論（吉川弘文館　2009 年）

ＳＱ選書 07
「人文学」という思考法 ――〈思考〉を深く読み込むために――

2015 年 11 月 30 日　初版第 1 刷発行

著　者　真野俊和
発行人　松田健二
装　丁　中野多恵子
発行所　（株）社会評論社
　東京都文京区本郷 2-3-10　TEL 03（3814）3861
印刷・製本所　倉敷印刷（株）

SQ選書

01
帝国か民主か　中国と東アジア問題
⦿子安宣邦著　「自由」や「民主主義」という普遍的価値を、真に人類的価値として輝かしていくことは可能か。　1800円

02
左遷を楽しむ　日本道路公団四国支社の一年
⦿片桐幸雄著　公団総裁の怒りを買い四国に飛ばされる。左遷の日々の生活をどう楽しみながら暮らしたのか。　1800円

03
今日一日だけ　アル中教師の挑戦
⦿中本新一著　「酒害」の現実を体験者の立場から書き起こす。今日一日だけに全力を注ぎ続ける断酒半生記。　2000円

04
障害者が労働力商品を止揚したいわけ　きらない　わけない　ともにはたらく
⦿堀利和編著　「共生・共働」の理念を実現する社会をどう創りあげるのか。障害者の立場からの提起。　2300円

05
柳宗悦・河井寛次郎・濱田庄司の民芸なくらし
⦿丸山茂樹著　戦争を挟んだ半生紀、昭和の男たちを魅惑した民芸運動。三本の大樹が吹かせる爽やかな風を読む。　1800円

06
千四百年の封印　聖徳太子の謎に迫る
⦿やすいゆたか著　聖徳太子による神道大改革はなぜ封印されたのか。倭国形成史のヴェールをはがす。　2200円

07
「人文学」という思考法〈思考〉を深く読み込むために
⦿真野俊和著　民俗学研究のアプローチから人文学の醍醐味をさぐる。　2200円

08
樺太（サハリン）が宝の島と呼ばれていたころ　海を渡った出稼ぎ日本人
⦿野添憲治著　聞き書きをとおして近代日本の民衆史を掘り起こす。　2100円

以下続刊。定価はすべて本体価格（税別）